EXAMEN RAISONNÉ

DES

PRODIGES RÉCENTS

D'EUROPE ET D'AMÉRIQUE,

notamment

DES TABLES TOURNANTES ET RÉPONDANTES.

Par un Philosophe.

Paris,

A LA LIBRAIRIE DE VERMOT, QUAI DES AUGUSTINS, 33.

A BRUXELLES, CHEZ GOEMARE. — A LEIPSICK, CHEZ FRANCK.

A GENÈVE, CHEZ CHERBULIEZ.

1853.

Préface.

Disciple trop docile d'une époque d'incrédulité arrogante, notre siècle souriait, depuis longtemps, avec un fier dédain, aux récits des évènements où quelque puissance surhumaine semblait être soudainement apparue. Ne pouvant enfermer, dans l'étroite sphère de ses sciences et de ses arts, un tel genre de phénomènes, il les niait brusquement, sans examen, et se délivrait ainsi de problèmes fort embarrassants pour son imprudente présomption.

Notre siècle en était là encore cette année-ci, content du succès de ses téméraires négations, quand soudain on a vu surgir et se répandre en Europe une foule de phénomènes merveilleux. Au grand étonnement des hommes de toute condition et de toute opinion, plusieurs centaines de meubles et d'autres objets matériels se sont mis d'abord à se mouvoir comme d'eux-mêmes, puis à répondre aux questions qui leur étaient adressées.

A ce spectacle imprévu, il y eut un sentiment général de stupéfaction. Les faits étant chaque jour visibles en mille lieux différents, et chaque jour vérifiés par une foule d'observateurs, il n'était plus possible de nier avec une feinte assurance. On s'est donc résigné à balbutier, d'une voix modeste, quelques conjectures d'explications naturelles; après quoi on a jugé prudent de s'esquiver dans l'ombre d'un silence profond.

Mais vaine ressource. L'Europe a bientôt appris que les prodiges, presque inouïs pour elle, qui se passaient journellement sous ses yeux, n'étaient qu'une faible émanation d'autres prodiges, très considérables et très sinistres, qui, depuis cinq ans, inquiètent le peuple le plus éclairé de l'Amérique. A cette nouvelle, que dire et que faire? Ne pouvant expliquer tant soit peu raisonnablement les merveilles vulgaires d'Europe, la science orgueilleuse de notre siècle s'est sentie profondément incapable de rendre raison des prodiges d'Amérique, plus graves et plus embarrassants. Il lui a donc fallu se résigner encore à l'humiliation d'un silence timide et découragé. On en est là aujourd'hui, en octobre 1853, en plein jour du dix-neuvième siècle.

Est-il à propos de respecter complaisamment cet embarras, ou plutôt cette confusion d'une science dédaigneuse, qui subit la juste peine de sa présomption? Convient-il de laisser s'éteindre, dans une nuit passagère, des clartés utiles, où apparaissent plusieurs vérités religieuses? Non ; car d'un côté l'esprit public, inquiet et pensif, demande une explication ; et d'un autre côté la religion, qui, bien comprise, n'a jamais rien à craindre des phénomènes qui peuvent venir étonner les regards de l'homme, est intéressée à ce que ceux dont il s'agit soient sainement appréciés.

Il importe donc d'examiner de près ces faits merveilleux, d'en constater avec soin la réalité, puis d'en découvrir, s'il se peut, la cause cachée.

L'histoire nous a transmis le souvenir d'un grand nombre de phénomènes analogues. Nos pères les jugeaient dignes d'une grave attention. Ils les racontaient avec une religieuse frayeur. Et ils ont cru les comprendre. N'allons pas, méprisant sans examen leur longue expérience, insulter à leur mémoire, par le sourire du dédain. Peut-être que leur vieille et loyale sagesse, qui aimait à s'éclairer au flambeau sacré du christianisme, a vu, dans ces circonstances, plus loin que ne voit à-présent la science présomptueuse de notre siècle.

Au reste les faits sont graves. Ils méritent un examen approfondi. Donnez donc à la lecture de ces pages quelques heures d'attention.

Il importe donc d'examiner de près ces faits qua-
vaillants, d'en constater avec soin la réalité, puis
d'en découvrir, s'il se peut, la cause cachée.

L'histoire nous a transmis le souvenir d'un grand
nombre de phénomènes analogues. Nos pères les
jugeaient dignes d'une grave attention. Ils les racontaient avec une religieuse frayeur. Ils ne cachaient pas
leur longue expérience, ôtaient à leur curiosité sur
le somme du délin. Peut-être que l'œil, le visible et
logale agaces, qui servait à s'éclairer au flambeau
sss à du christianisme, a vu, dans ces circonstances,
plus loin que ne voit à présent la science présomptueuse de notre siècle.

Ah! relis les faits sont graves. N'hésitent un examen approfondi. Donnez-nous à la lecture de ces
pages quelques heures d'attention.

EXAMEN RAISONNÉ.

CHAPITRE I.

OBSERVATIONS PRÉLIMINAIRES.

Au moment d'aborder une question mystérieuse, concernant des phénomènes extraordinaires et sinistres, qui embarrassent péniblement les académies de l'Europe, il importe de rappeler les principes logiques que la raison humaine a pour règles, dans l'étude des faits en général.

En tout phénomène, deux choses très différentes, qu'il faut prendre garde de jamais confondre, sont à considérer : la réalité d'abord, la cause ensuite.

On s'assure de la réalité des faits, soit par ses propres sens, soit par le témoignage d'autrui, soit par l'un et par l'autre de ces deux moyens réunis. Ainsi ont été établies toutes les sciences d'observation et toutes les histoires avérées.

Cependant on ne saurait fixer combien il faut d'impressions sur les sens, ou de témoignages d'autrui, pour convaincre quelqu'un de la réalité d'un fait. Ces moyens de conviction persuadent plus ou moins, selon les dispositions des esprits qui observent. Tellement que d'ordinaire un ensemble d'impressions sensibles et de témoignages, qui satisfait entièrement une foule de personnes, en laisse quelques autres dans les perplexités du doute.

Après s'être assuré de la réalité d'un phénomène, il s'agit d'en découvrir la cause. On cherche alors parmi les forces inhérentes au monde terrestre où nous vivons, forces dont émanent tous les faits naturels de ce monde. Et comme ces forces ont été distribuées, par le Créateur, entre les diverses espèces d'êtres qui composent notre monde, il faut chercher successivement dans les substances brutes, puis dans les plantes, ensuite parmi les animaux, et enfin chez le genre humain. Car la matière brute, tant solide que fluide, a des forces qui lui sont propres. Le règne végétal a de même les siennes. Puis le règne animal aussi. Et enfin le genre humain.

Lorsque un phénomène est survenu qui, bien constaté, se trouve dépasser notoirement les forces diverses, départies par la Providence aux différentes classes d'êtres terrestres, il ne reste plus, évidemment, qu'à attribuer le fait aux forces de quelque être supérieur à ceux d'ici-bas. C'est aussi ce qu'a fait, dans tous les siècles, la raison humaine. Toujours les astronomes ont admis que certains phénomènes mystérieux, qui arrivent sur notre globe, sont dus à la puissante action du soleil et de la lune. Et toujours les peuples ont cru que d'autres évènements merveilleux avaient été opérés, sur la terre, par des esprits d'un autre monde, supérieurs à nous en intelligence et en puissance; ainsi que nous le sommes, nous-mêmes, à tous les animaux.

En effet comme les végétaux produisent des effets impossibles à la matière brute; puis les animaux, des faits qui surpassent les forces de la matière brute et des plantes; puis les hommes, d'autres faits que ni la matière, ni les plantes, ni les animaux, ne peuvent opérer; il est raisonnable de penser que de même les êtres supérieurs à nous sont capables de produire des phénomènes impossibles à toutes les classes de créatures terrestres.

Du reste comme on ne peut déterminer précisément combien il faut d'impressions sensibles ou de témoignages d'autrui, pour convaincre une personne de la réalité d'un fait; il est de même impossible de fixer combien il faut qu'un phénomène surpasse les forces des créatures terrestres, pour persuader certains hommes qu'il émane de quelque être plus puissant que tous ceux d'ici-bas. En ce cas, comme en l'autre, la conviction s'opère promptement, ou lentement, ou même ne s'opère pas du tout : suivant les dispositions des esprits qui examinent le phénomène.

Ces principes étant posés, il faut remarquer avec attention le vrai et incontestable sens d'un mot souvent prononcé, au sujet des faits merveilleux, et souvent aussi entendu d'une manière déraisonnable. Il s'agit du mot *surnaturel*. Si, comme la philosophie le pense, et comme la religion l'assure, il existe des êtres supérieurs à nous en science et en pouvoir, des êtres doués de facultés surhumaines, qui les rendent capables d'opérer des choses impossibles à toutes les créatures d'ici-bas; ces êtres éminents, lorsqu'ils produisent de tels effets, agissent d'après leur puissante nature. Ils exercent simplement leurs facultés naturelles. Ils ne font qu'user du pouvoir que Dieu leur a départi. De sorte que les phénomènes opérés par eux leur sont aussi naturels que le sont à nous, hôtes de la terre, le langage, l'écriture, le calcul, la peinture, etc.

Donc, à parler exactement, les faits qu'on nomme surnaturels ne le sont point. Ces faits, surpassant seulement les forces des créatures terrestres, mais non celles des autres créatures émanées du sein de Dieu, sont parfaitement naturels dans l'univers, et parfaitement conformes aux lois divines qui le régissent immuablement.

Ainsi le mot *surnaturel* ne doit être entendu que dans le sens de supérieur aux forces de la nature terrestre (1).

CHAPITRE II.

RÉALITÉ DES PRODIGES RÉCENTS D'EUROPE ET D'AMÉRIQUE.

Un grand nombre de phénomènes, presque inouïs en Europe, sont venus, cette année, frapper d'étonnement l'Angleterre, l'Allemagne, la France, et d'autres contrées. Tantôt à

---

(1) Beaucoup de sophistes, notamment Spinosa, Hume, et Voltaire, ont contesté la possibilité même des miracles et des prodiges, possibilité si naturelle pourtant et si croyable. Mais que disent ces auteurs et leurs confiants disciples?

un simple contact des mains, tantôt à quelques paroles de commandement, des tables se mettent en mouvement spontané. Elles se soulèvent, tournent, avancent, reculent. Puis il en est qui répondent, par des coups sonores et bien distincts, aux questions qu'on leur adresse. Il en est qui déclarent les nombres qu'on leur demande, les dates qu'on désire apprendre, les âges que l'on veut connaître. Il en est même qui révèlent des mystères du passé, du présent, et de l'avenir.

Ces phénomènes merveilleux, si nouveaux pour nous Européens, sont vulgaires en Amérique, depuis quelques années. Et là on les trouve accompagnés d'autres faits de même nature, non moins surprenants, non moins sinistres.

La foule de ces phénomènes, observés en Europe et en Amérique, est innombrable. Ne pouvant les considérer tous, il faut nous borner à en examiner plusieurs d'entre ceux qui ont été publiés par des témoignages dignes de confiance.

Un des rédacteurs du journal parisien *la Patrie* racontait ce qui suit, le 27 mai dernier :

« Voici quelques faits dont nous avons été témoins hier au soir, dans le salon de M. Delamarre (1), en compagnie d'une vingtaine de personnes sérieuses, venues là, comme nous, pour expérimenter avec bonne foi, et observer avec un calme imperturbable.

» Plusieurs tables ont été mises en mouvement. Autour d'une d'elles étaient cinq expérimentateurs, faisant la chaine de la manière ordinaire, avec les mains appuyées à plat sur la

---

Tous la même chose, tous une conjecture arbitraire, tous une supposition déraisonnable. Ils allèguent qu'un phénomène qui dépasserait les forces des êtres terrestres est impossible, à moins d'une suspension des lois de la nature, à moins d'une infraction de ces règles divines et immuables, à moins d'un grand désordre par conséquent dans la création. Puis ils se mettent à argumenter bruyamment, pour assurer qu'un tel désordre n'est pas croyable, sous le règne d'un Dieu parfaitement sage.

Parler ainsi, c'est s'abuser par des fictions inouies dans toute l'antiquité. Car que pensaient les anciens, à la vue d'un phénomène supérieur aux forces de la terre? Parlaient-ils de lois suspendues ou d'ordre troublé dans l'ensemble de la nature? Jamais. Ce sont des dieux ou des génies qui agissent, disaient-ils. Et ils avaient raison.

(1) Banquier à Paris.

table... La table a commencé à tourner de gauche à droite. Au bout de quelques minutes, on a interverti le placement des doigts. Alors la table a tourné de droite à gauche. Quand ce mouvement a été bien régularisé, un des membres de la chaine a ordonné à la table de reprendre la rotation primitive de gauche à droite ; et sans que le placement des doigts fût changé, la table a obéi à cet ordre. D'où l'on doit conclure que le mouvement de la table dépend de la volonté des opérateurs, sans égard au placement des doigts dans la chaîne...

» Voici maintenant quelque chose de plus extraordinaire, que nous avons parfaitement constaté. Un guéridon était actionné par trois personnes, dans la salle à manger, contiguë au salon, dans laquelle il n'y a pas de pendule. Toute la société était réunie autour de cette table. On a demandé à la table de marquer, par des coups, l'heure de la pendule du salon. Elle a frappé neuf coups bien distincts. On a demandé après le nombre de minutes. La table a frappé neuf coups. Ce qui s'est trouvé parfaitement exact (1) ».

Des expériences du même genre ayant été faites à Chambéry, un des témoins, M. Carret, médecin, en a publié un récit dans le journal de cette ville, *le Courrier des Alpes*. De ce récit sont extraites les lignes suivantes :

« Ce matin, 6 mai, s'est faite à l'Hôtel-Dieu, avec un plein succès, l'expérience de la table tournante. Sept élèves en médecine se sont placés autour d'un guéridon en noyer, de 50 centimètres de diamètre. Ils ont établi la chaîne, au moyen des petits doigts... Trois quarts-d'heure s'étaient à peine écoulés, que la table a fait entendre un craquement, et que peu à peu elle s'est mise à tourner, tantôt à gauche, tantôt à droite. A diverses reprises, elle s'est levée sur deux pieds et s'est inclinée de manière à dépasser la ligne d'équilibre. Une dernière fois elle est descendue jusque à trois ou quatre centimètres de terre. Elle est alors tombée, parceque les deux pieds ont glissé.

» Cette expérience a eu lieu en présence de M. Chaboud, administrateur de l'Hôtel-Dieu, de M. l'Aumônier, de M. le che-

---

(1) M. Mouttet, dans *la Patrie* du 27 mai 1853.

valier Rey, de MM. Besson et Carret, docteurs médecins, de M. Paquet, curé de Myans, etc. (1)».

Un autre médecin, M. Amédé Latour, rédacteur de *l'Union médicale,* qui se publie à Paris, a aussi raconté ses expériences, faites en compagnie d'autres médecins de cette capitale. Voici quelques lignes de son récit :

« J'invite Alphonse et Alfred à vouloir mentalement qu'un compotier, une fois mis en rotation, tourne dans un sens opposé. En moins de quinze secondes, le vase se met à tourner du nord au sud. Il a fait à peine une demi-rotation, qu'il s'arrête un instant, puis se met à tourner en sens inverse. Cette expérience, répétée ce jour-là cinq ou six fois, se reproduisait toujours comme je viens de l'indiquer (2)».

A l'Académie des sciences de Paris, M. Séguin, l'un des membres, a entretenu ses collègues des phénomènes obtenus et observés par lui-même. On lisait à ce sujet dans un des plus graves journaux de Paris :

« M. Séguin aîné, qui a un nom bien connu dans les sciences, a écrit à M. Arago une lettre, qui a été communiquée, le 23 de ce mois, à l'Académie. M. Séguin a fait non-seulement tourner une table, mais il l'a maintenue soulevée sur un pied, par l'action de sa volonté. Il l'a fait s'agiter en mesure, aux accords d'un piano....

» Battre la mesure, au son du piano ; indiquer l'âge, le nombre des personnes ou des choses, quand ce nombre était connu de la personne ou des personnes en communication avec la table, furent des expériences répétées de mille manières, et toujours avec le même succès (3) ».

Un négociant de Strasbourg, M. G. Bergmann, a voulu essayer quelque chose de plus, dont il a rendu compte dans une lettre publiée par plusieurs journaux.

« J'engageai », dit-il, « un ébéniste de notre ville à construire

---

(1) *Le Courrier des Alpes*, cité dans *le Journal des campagnes* du 11 mai 1853.

(2) Dans *l'Union médicale,* puis dans *la Patrie* du 8 mai 1853.

(3) Extrait du Journal *l'Assemblée nationale* des 26 mai et 10 juin 1853.

une table, à laquelle il adaptât des sièges faisant corps avec la table, pour que les personnes formant la chaîne fussent enlevées en même temps avec elle, par le mouvement imprimé.

» Un premier essai que nous venons de faire a partiellement réussi. C'est-à-dire qu'étant deux personnes assises à cheval sur les sièges adaptés à la table, ces personnes, sans toucher la terre, et moyennant la chaîne formée avec deux personnes se tenant debout, tournent et sont enlevées vigoureusement. J'étais l'une des personnes assises. Notre pesanteur, avec celle de la table, peut être estimée à près de 175 ou 180 kilogrammes, sinon plus.

» La disposition des roulettes, au nombre de trois, tournant en tous sens, et enfonçant dans le vieux plancher, ont été des obstacles à ce que quatre personnes assises pussent, à elles quatre, communiquer assez de force de rotation. Mais deux personnes se joignant à la chaîne, ces obstacles furent vaincus, et le mouvement augmentait en rapidité (1) ».

La conjecture du négociant, supposant que le mouvement de rotation provenait des personnes assises, ne mérite aucune attention. Les faits seuls sont ici à considérer.

Voici d'autres faits, observés à Paris, et racontés par M. A. Gathy, un des témoins qui les provoquèrent :

« Mercredi soir, chez M. Louis Lacombe, compositeur et pianiste connu, nous avons, à quatre, répété avec un succès complet les expériences du guéridon. Un meuble semblable s'est mis en mouvement, après vingt-deux minutes d'imposition des mains. Nous lui avons fait décrire, par commandements à haute voix, toutes les évolutions possibles. Il a obéi de même à une simple volonté mentale.

» M. Lacombe me demanda de faire répondre à une pensée, sur laquelle il refusait toute explication. J'ordonnai ; et cinquante-deux coups furent comptés. M. Lacombe alla compter les touches de son piano ; car telle avait été sa pensée. Le guéridon s'était trompé de deux coups : il n'y avait que cinquante touches...

---

(1) Lettre de M. Bergmann, publiée dans le *Journal des campagnes* du 15 mai 1853.

» Ensuite le guéridon se mit à exécuter, sur le parquet, les évolutions les plus extraordinaires : se dirigeant par trémoussements, glissades, et soubresauts pour ainsi dire nerveux, d'abord dans la direction du nord, puis, par une longue et rapide diagonale, vers le sud. Puis revenant sur lui-même, il se mit à décrire en tous sens des méandres, des losanges, des triangles, des trapèzes, et d'autres figures...

» Alors l'idée me vint de soumettre le guéridon à des essais de volition attractive, sans contact, au moyen des mouvements usuels, en ces sortes d'expériences, sur les sujets magnétisés ou sensibles au magnétisme. Le guéridon suivit les signes de ma main (1) ».

D'autres expériences ont été faites, en Suisse, par MM. A. de Gasparin, ancien maître des requêtes; Muret et Reuter, botanistes; Taschet, pasteur ; et autres personnes. M. de Gasparin en a parlé ainsi dans une lettre insérée au *Journal de Genève* :

« Le mouvement de la table a fini par s'opérer dans les deux sens opposés, selon notre volonté. Cette volonté suffisait aussi pour l'arrêter brusquement... Chacun de nous, à son tour, a adressé à la table des ordres auxquels elle a ponctuellement obéi. Je réussirais difficilement à vous peindre le caractère étrange de ces mouvements, de ces coups frappés avec une netteté et une solennité qui nous épouvantaient presque.

» Frappe trois coups. Frappe dix coups. Frappe avec ton pied gauche, avec ton pied droit, avec le pied du milieu. Lève-toi sur deux de tes pieds, sur un seul de tes pieds. Tiens-toi debout. Résiste à l'effort de ceux qui, placés du côté où tu te lèves, cherchent à te ramener à terre. Après chaque commandement, la table obéissait. Elle opérait des mouvements qu'aucune complicité volontaire ou involontaire n'aurait pu provoquer... Chacun de nous a donné des ordres avec un égal succès. Des enfants se sont fait obéir comme les grandes personnes.

» Il y a plus. On est convenu que celui qui commanderait ne prononcerait pas à haute voix le nombre des coups, mais se

____

(1) Lettre de M. Auguste Galby, publiée dans *la Patrie* du 21 mai 1853.

contenterait de les penser, après les avoir communiqués à l'oreille de son voisin. Eh bien la table a obéi. Il n'y a jamais eu la moindre erreur.

» Chacun a ordonné à la table de frapper autant de coups qu'il avait d'années ; et la table a indiqué notre âge, tel qu'il était dans notre esprit ; se hâtant même de la manière la plus comique, lorsque le nombre des coups à frapper était un peu considérable. Je dois avouer, à ma honte, que j'ai été repris par elle. Car comme j'avais involontairement diminué mon âge, la table a frappé quarante-trois coups, au lieu de quarante-deux ; parceque ma femme, ayant meilleure mémoire, avait pensé au chiffre véritable (1) ».

Voici maintenant des phénomènes attestés par M. Louis Soehnee, de Wissembourg, duquel *la Patrie* dit qu'elle « ne peut, à aucun titre, mettre en doute sa parfaite sincérité » :

« M. Lutz possède trois tables rondes d'une rare intelligence, Elles sont montées sur leurs pieds. Hier nous en plaçons une au milieu du salon. M. Lutz, le professeur Rheinwald. Mlles Lutz et Grandjean, forment la chaîne, à laquelle je ne me frotterai plus. Nous disons à la table : Il ne s'agit pas cette fois de galoper ; tu resteras tranquille ; car nous avons des questions à te faire.

» Je commence, et je dis : Quel est mon âge ? La table lève un de ses pieds, et frappe juste soixante-cinq coups. — Depuis combien de temps suis-je veuf ? Treize coups répondent juste. — Combien ai-je de frères ? Quatre coups répondent. — Où résident-ils ? Je nomme une trentaine de villes ; mais dès que Paris est prononcé, le pied de la table se lève et frappe.

» Combien, dit M. Rheinwald, ai-je d'oiseaux en cage chez moi ? Dix coups répondent juste. — Quel est l'âge de M. l'abbé Paulus, notre curé, non présent ici ? Cinquante coups frappent. — Tu te trompes, il faut recommencer. Alors cinquante-huit coups frappent juste. — Quel est l'âge de M. Wetty, le vicaire, qui n'est pas présent ? Trente-quatre ans. — Bravo.

---

(1) Dans *le Journal de Genève*, puis dans *la Patrie* du 5 juin 1853.

» La séance a duré plusieurs heures , et la chaîne a été souvent renouvelée. Vers la fin, la table ne répondait pas aux questions. Alors je lui dis: N'est-ce pas que tu es fatiguée ? Le pied se lève aussitôt et répond oui. Mais cinq minutes de repos suffisent à la table. —Maintenant galope un peu. Nous sommes obéis. — Tourne sur un seul pied, sur deux, sur les trois. Même obéissance. — Je dis, entre autres choses, à la table : Les messieurs que j'attends de Paris arriveront-ils ce soir ? Non , fut la réponse. — Combien sont-ils ? Deux.

» M. Rheinwald, avec Mlles Lutz et Grandjean, ayant formé la chaîne sur un chapeau de feutre, ce chapeau, lui aussi, devinait l'âge des personnes, galopait ou s'arrêtait au commandement.

» Tous ces faits incroyables, je pourrais affirmer par serment en avoir été témoin (1) ».

Une lettre écrite par M. E. Bénezet, et publiée dans plusieurs journaux, contient le récit suivant :

« Un guéridon à trois pieds fut apporté au milieu d'un cercle d'incrédules, dont je faisais partie. Un des pieds de ce guéridon avait été revêtu d'un morceau de papier blanc. Deux personnes ayant appuyé les mains sur ce guéridon , il se leva aussitôt, comme pour dire qu'il était aux ordres de l'assemblée. Une pièce d'argent fut placée à une extrémité de la chambre, et aussitôt le guéridon, sur l'ordre qui lui en fut donné, se dirigea vers cette pièce , en mettant un pied devant l'autre, comme le compas d'un arpenteur , et la couvrit du pied qui avait été marqué de papier blanc.

» Cette opération fut répétée; et réussit parfaitement , après qu'on eût bandé les yeux aux deux expérimentateurs. On fit plus : les flambeaux furent emportés. Une pièce de billon remplaça la pièce d'argent. Toujours la table, docile et intelligente, alla trouver du pied la pièce cachée.

» Une fois on l'avait placée sur une sorte de petite marche en brique, qui se trouvait sous la cheminée, afin d'exhausser le foyer. La pièce était ainsi isolée. La table sembla un instant déconcertée. Elle se dressa tantôt sur un pied , tantôt sur un

____

(1) Lettre en date du 8 mai 1853, publiée dans *la Patrie* du 14.

autre, et se mit à faire le tour du salon, allant de droite à gauche et de gauche à droite. Après ces évolutions, elle s'arrêta,
comme pour réfléchir. Puis partant avec une certaine vitesse,
elle marcha droit devant elle, leva son pied droit, de manière à
se pencher considérablement, et demeura ainsi appliquée sur
la pièce, au grand étonnement des expérimentateurs, qui, ayant
les yeux bandés, ne comprenaient pas pourquoi elle restait
ainsi penchée.

» On conçoit qu'après ces expériences, les fantaisies se donnèrent carrière. Mademoiselle, dit un des assistants à la table,
j'ai placé non loin de vous une pièce de cent sous, et je vous
prie de la cacher sous ce meuble, qui est adossé au mur. La
table part aussitôt, se pose sur un pied, et, se balançant, elle
chasse la pièce avec un des deux autres, et la fait aller ainsi jusque à quelques centimètres du meuble indiqué. Là, ne pouvant
plus la chasser de la même manière, elle se pencha en arrière
et la poussa avec un pied, sur le parquet, jusque à ce que nous
ne la vimes plus.

» Je sortis alors. On me dit que, les expériences ayant continué, la table avait dit l'âge des assistants, en frappant sur le
parquet, pour désigner le nombre des années et des mois (1) ».

Un membre de l'Académie royale de Chambéry, M. Bonjean,
a rendu compte des faits observés par une société d'hommes
instruits, au nombre desquels il se trouvait. Voici ses paroles :

« Après quelques hésitations, la table se meut, avance, recule, tourne en tous sens ; lève un ou plusieurs de ses pieds,
en se penchant, sans tomber, jusque en dehors de son centre
de gravité ; obéit au moindre commandement ; et répond aux
questions qu'on lui adresse, pourvu qu'on se borne à lui demander des choses connues...

» Je vais citer quelques-unes des nombreuses questions, avec
leurs réponses, que nous avons, dans diverses expériences,
adressées à ces pythonisses d'un nouveau genre : expliquant
d'abord aux lecteurs qu'avant de formuler une question, nous
leur ordonnions de frapper un coup pour dire oui, et deux

____

(1) Dans *la Gazette du Languedoc*, puis dans *la Patrie* du 21 mai 1853.

pour dire non, en alternant souvent pour notre propre satis-
faction. Je dois avouer que dans la grande majorité des cas,
les réponses ont été d'une justesse désespérante.

» Combien y a-t-il de tables qui tournent maintenant dans
la salle ? La table frappe trois coups, avec l'un de ses pieds.
Nous étions cette fois au cabinet de physique, avec le pro-
viseur du collége M. Lechevalier, M. le professeur Michel St-
Martin, et quelques élèves. Trois tables en effet se mouvaient
en ce moment.

» Combien y a-t-il de vitres à la fenêtre de droite ? Huit
coups bien articulés indiquent qu'il y en a huit : ce qui est
exact.

» Combien ai-je d'écus, lui demande une personne, qui en
tenait deux dans une de ses mains. La table lève trois fois le
pied. — Vous vous trompez, lui dit le questionneur. Puis éle-
vant la voix, pour la rendre plus impérieuse : Allons, dites
juste, combien ai-je d'écus ? Trois coups encore. Le meuble
avait raison. M. D. avait dans sa poche le troisième écu, dont
il ne nous avait pas parlé.

» Combien, demande un médecin, ma femme a-t-elle envoyé
de pièces de vers à l'Empereur ? La table frappe cinq coups bien
distincts. Puis elle lève une sixième fois très lentement le pied,
qu'elle laisse retomber avec la plus grande légèreté. Il y avait
eu six pièces de vers envoyés, mais la sixième ne contenait que
deux strophes. La table avait voulu indiquer qu'elle ne pouvait
pas compter pour une pièce entière.

» Combien ai-je d'enfants, demande la femme d'un autre
médecin. La table frappe un coup sec et un deuxième très léger, comme dans le cas précédent. Cette dame a un enfant de
trois ans et porte le deuxième dans son sein. — Dans combien
de mois dois-je accoucher, ajoute-t-elle. La table répond par un
coup bien distinct et par un autre à peine sensible, ce dernier
indiquant qu'il y avait des jours avec le mois. — Et combien
de jours après ce mois ? La table frappe huit coups. Ce qui fait
trente huit jours, qui correspondent juste au terme de la gros-
sesse de Mme C.

» L'âge des personnes est indiqué de la manière la plus

exacte. Pour une année commencée, la table se borne à lever légèrement le pied. Et sur la demande qui lui en est faite, elle indique depuis combien de mois et de jours cette année est commencée.

» Une personne demande de combien de mille francs elle vient d'hériter. La table répond par quarante-cinq coups bien marqués et cinq très faibles. L'héritière explique qu'elle a hérité de cinquante mille francs, mais qu'il y en a cinq de contestables et douteux.

» Une jeune personne, souffrante depuis plusieurs années, adresse une foule de questions sur sa santé et sur les moyens de la rétablir. Voici les conseils donnés par le nouveau docteur : la médecine ne lui convient pas, le magnétisme lui sera très favorable (1).

» Un jeune homme malade consulte à son tour. L'homéopathie lui est conseillée. Un médecin homéopathe tient dans sa main une boîte, qui renferme cent cinquante médicaments. Il commande à la table de frapper du pied, quand son doigt, qu'il va promener sur les flacons, touchera le remède qui convient au malade. Arrivé au cent quarante-huitième flacon, la table frappe un coup et s'arrête. Elle désignait le carbonate de baryte, conseillé dans l'espèce par tous les homéopathes (2) ».

Un phénomène, non encore signalé dans les récits que vous venez de lire, est attesté dans la lettre suivante, par M. Morin, avocat :

« Voici des faits dont j'ai été témoin :

» Dans un cercle de douze personnes, on a fait des expériences, au moyen d'une corbeille à ouvrage, à laquelle on a adapté un crayon, maintenu dans une position verticale, à l'aide de deux fils, la pointe du crayon se trouvant à la surface de la table sur laquelle la corbeille était placée. On a mis une feuille de papier sous la corbeille.

» Alors deux opérateurs ont actionné la corbeille, en posant

---

(1) Vous verrez plus loin, dans le chapitre 4, pourquoi les tables magiques sont ainsi favorables au magnétisme animal.

(2) Lettre datée de Chambéry, 18 mai 1853, et publiée dans *la Patrie* du 23 mai.

leurs mains dessus. Quand ils ont obtenu des mouvements d'oscillation, ils se sont bornés à toucher le haut de la corbeille, des extrémités de leurs index. Puis ils ont questionné. Aussitôt la corbeille s'est mise en mouvement, et à l'aide du crayon a écrit sur la feuille de papier. Le mouvement était très rapide, l'écriture très nette. La corbeille se mouvait avec une régularité parfaite, barrant les *t*, mettant les points sur les *i*; et quand une ligne était achevée, elle se transportait au commencement de la ligne suivante, sans laisser de traces dans l'intervalle.

» Les réponses étaient nettes et concordantes. Plusieurs s'appliquaient à des questions mentales, faites par des spectateurs. La corbeille a tracé, finalement, les mots suivants: *Si vous voulez connaître les esprits, formez la chaîne comme autrefois.*

» J'ai examiné la corbeille avec soin. Elle ne peut contenir aucun appareil mécanique. Il serait d'ailleurs complètement impossible aux opérateurs, dans la position où ils étaient, de faire écrire la corbeille, en lui imprimant des mouvements (1) ».

Des faits semblables à ceux que rapporte M. Morin ont été vus en Amérique, comme vous l'apprendrez bientôt. Auparavant écoutez encore d'autres récits, sur les merveilles observées en Europe.

Au mois de mai dernier, un pharmacien de Reims était occupé, avec quelques personnes, à faire tourner chez lui une table d'assez grandes dimensions. Elle obéissait au commandement de tourner tantôt à droite, tantôt à gauche, quand soudainement le pharmacien se mit à dire: Casse et brise toi. A ces mots, un des pieds de la table se détache, une partie du contour se romp, et la table tombe. Il a été impossible au pharmacien de rétablir ce meuble, pour lequel il a fallu le travail d'un menuisier.

Le phénomène a été raconté par un des témoins du fait, homme très digne de foi, à l'auteur qui vient de le mentionner ici.

---

(1) Lettre insérée dans *la Patrie* du 27 juillet 1853.

Voici une autre merveille, signalée au public par M. Numans, de Paris :

« Au moment où les esprits sont si vivement préoccupés de la nouvelle découverte, connue sous le nom de tables tournantes, un fait de même nature, dont j'avais été frappé, il y a plus d'un an, m'a paru assez intéressant, pour que je m'empresse de communiquer cette expérience.

» Quand on attache à un fil de lin ou de coton, d'environ trente centimètres de longueur, un disque de métal, un franc par exemple, et que, posant sur le pouce déployé l'autre extrémité du fil, on le suspend à l'intérieur et à l'orifice d'un verre à boire vide, posant le coude sur la table où ce verre repose; au bout d'une minute environ, la pièce se met en mouvement et effectue un mouvement de pendule. Frappant les parois du verre, elle sonne ainsi le nombre de coups nécessaire, pour indiquer l'heure qu'il est, sans cependant tenir compte des demies...

» Sans chercher à trouver moi-même une cause à ce phénomène, je me borne à le faire connaître, persuadé de l'intérêt qu'il ne peut manquer d'exciter, à cause de sa positive analogie avec l'expérience des tables tournantes (1) ».

Un médecin de Paris, M. Roubaud, a publié, sur la même espèce de phénomènes, le résultat de ses expériences.

« Celle qui se produit avec une montre », dit-il, « est la plus facile. La chaîne, le cordonnet, ou le fil, à un bout duquel se trouve suspendue la montre, est tenu à l'autre extrémité par les doigts de l'expérimentateur. La montre, abandonnée à elle-même, et placée dans une immobilité complète, s'agite au bout de deux ou trois minutes, et exécute les mouvements que réclame votre volonté : mouvements de rotation de droite à gauche, de gauche à droite, d'oscillation dans le sens de la circonférence ou dans celui des surfaces planes. Elle redevient immobile, modère ou précipite sa marche, agit toujours selon les ordres que vous donnez.

» L'expérience peut se faire à deux : l'un tenant la montre

---

(1) Lettre publiée dans *le Journal des campagnes* du 11 mai 1853.

ainsi que je l'ai indiqué, et l'autre étant en communication avec lui, par le simple contact des mains. La personne qui tient la montre reste étrangère aux ordres à transmettre. La montre obéira ponctuellement à la volonté de l'autre personne.... La même expérience peut se faire avec un plus grand nombre de personnes. Je l'ai réalisée avec cinq, quinze, et trente-deux individus se tenant par la main. Alors la place du porteur et celle de la volonté directrice peuvent changer à l'infini...

» Et l'expérience réussit avec tout corps suspendu. Je l'ai faite avec une bague, un livre, une topette en verre, un amas de breloques, etc. (1) ».

Un professeur de physique, M. Desdouits, parlant des phénomènes dont il s'agit en ce moment, atteste ce qui suit :

« J'ai vu tourner et fait tourner quelques personnes, vu tourner des tables et des assiettes, commandé avec succès le mouvement pendulaire... Pour ce qui est de l'anneau suspendu à un fil, ou de la montre avec sa chaîne, le fil ou la chaîne étant tenu entre deux doigts, l'anneau, par exemple, sous la seule influence d'une volonté mentale, oscille dans une direction déterminée, et va battre sur un verre le nombre de coups qui lui a été commandé. Ce fait se réalise non pas toujours, mais très souvent (2) ».

Écoutons encore un sage auteur, résumant, en quelques lignes, le récit de ce qu'il a vu et entendu nombre de fois.

« J'ai vu », dit-il, « des tables tourner, sous l'application de la main de l'homme, sans aucun effort musculaire de sa part, et même avec la volonté bien arrêtée de n'en pas faire.

» Je les ai entendues parler à leur manière, par des coups frappés distinctement, et au commandement de l'homme : en sorte qu'une correspondance intelligente s'établissait entre elles et ceux qui les touchaient, ou se trouvaient en rapport avec elles.

» J'ai vu, j'ai entendu, j'ai touché, palpé, et me suis assuré, par tous les moyens possibles, qu'il n'y avait ni tromperie ni

---

(1) *La Danse des tables*, écrit publié en 1853 par M. Roubaud.

(2) Dans *l'Ami de la religion*, du 2 juin 1853.

illusion. Je ne puis donc plus douter de la réalité de ces phénomènes...

» Ainsi une table, un guéridon, un chapeau, une corbeille, ou tout autre objet de ce genre, fait de main d'homme, et ne semblant avoir aucune vie en lui, s'anime, tressaille, s'agite, sous la main humaine qui lui est appliquée, au point d'exécuter des mouvements de rotation, de translation, et ce qui est plus fort, des mouvements commandés; puis, ce qui est plus fort encore, des mouvements intelligents. En sorte qu'un échange de pensées, de sentiments, et de volontés, s'opère entre ces objets, inertes par eux-mêmes, mais momentanément animés, et les personnes qui les interrogent et les provoquent à parler (1) ».

Maintenant voici des phénomènes de formes différentes, mais de même nature.

Un journal de Paris a publié récemment ce qui suit, en assurant que les faits sont certifiés par un procès-verbal, signé de deux médecins et de plusieurs autres témoins dignes de foi :

« Les faits se passèrent en 1833, à Songieu, village du canton de Champagne, arrondissement de Belley, dans la maison d'un cultivateur, nommé Claude Martinod.

» Adélaïde Françoise Millet, âgée d'environ douze ans, étant couchée, le 12 janvier, entendit tout-à-coup un grattement extraordinaire contre les planches de son lit. Ce bruit se prolongea et augmenta... Une autre nuit, la jeune fille étant couchée, M. le curé de Songieu entre dans la chambre : il entend un rude grattement contre les planches du lit. Sa surprise est d'autant plus grande, que la jeune fille ne fait aucun mouvement. M. le curé commande au bruit de cesser, et il cesse. Il provoque le grattement, et le grattement recommence. Chacune des personnes présentes en fit autant et obtint le même résultat. Le grattement était petit ou fort, lent ou rapide, selon que l'ordonnaient les témoins....

» Ce grattement se reproduisit fréquemment et attira, chez Claude Martinod, une foule de personnes, qui s'en retournaient

---

(1) L'auteur de l'*Avis aux chrétiens sur les tables tournantes*, brochure publiée à Paris, chez Devarenne.

tout étonnées d'un fait aussi surprenant. Le greffier de la justice de paix de Champagne, le contrôleur de la douane, deux médecins, et plusieurs autres personnes notables, ne pouvant en croire la renommée, se transportèrent à Songieu. Ils font mettre Adélaïde sur son lit. Aussitôt il leur semble entendre des ongles de fer qui passent avec violence contre les planches dont il est composé. Les mains et les pieds de la jeune fille sont liés avec soin. On lui défend de faire aucun mouvement du corps, même des lèvres. L'enfant obéit. Et néanmoins le bruit continue aussi violemment.

» Un des assistants dit alors : Ne gratte plus, mais bats la caisse. Quelle ne fut pas leur surprise, quand ils entendirent des coups bien cadencés et des mouvements tels que ferait un tambour sur sa caisse (1) »!

Des phénomènes de ce genre surviennent de temps en temps. Parmi ceux qui ont été racontés à l'auteur de cet écrit, il citera de préférence les suivants, attestés par un témoin dont la bonne foi lui est bien connue. Un vicaire de Signy-l'Abbaye, bourg du département des Ardennes, écrivait en 1830, le 4 février, ce qui suit :

« Il vient de se passer ici des faits extraordinaires. Une nuit, la fille de l'horloger du pays, âgée de douze ans, étant couchée, comme d'ordinaire, avec une de ses camarades, elles sentirent toutes deux tirer fortement les draps de leur lit. Effrayées, elles crièrent et descendirent auprès de la mère. On allume une lampe : on fait perquisition dans la chambre des enfants ; on n'y trouve personne. Après quelques reproches, adressés à ces enfants, chacun se recouche.

» Mais la main invisible n'était pas partie : au bout de cinq minutes, le tiraillement des draps recommence. Les enfants poussent de nouveaux cris. Alors la mère leur dit de se coucher avec elle, et la lampe reste allumée. Bientôt les draps sont encore tirés par une force invisible, tantôt près de la tête, tantôt près des pieds.

» Le lendemain, la nouvelle de ces phénomènes étranges se

______

(1) Dans *la Patrie* du 11 juin 1853.

répandit dans le pays. La nuit suivante, ils se renouvelèrent, et les voisins de l'horloger en furent témoins. Il en fut de même pendant sept nuits consécutives. Le tiraillement des draps allait parfois jusque à découvrir entièrement les pieds des enfants.

» Le huitième jour, je me rends, à dix heures du soir, chez l'horloger, et suis alors témoin des faits. Les deux enfants avaient les mains hors du lit, et par conséquent ne maniaient point les draps. Ayant posé une main sur leurs pieds, je sens que le drap de dessus n'en est pas moins tiré.

» Le lendemain, à cinq heures du matin, je retourne chez l'horloger. Les draps étaient encore tirés. Je fais des recherches et ne découvre aucune cause sensible. Alors je me mets à commander à la puissance invisible de tirer sur les pieds. Aussitôt, et à mon grand étonnement, je suis obéi. Plus fort, ajoutai-je. A ces mots, même obéissance. Je commande que le tiraillement soit fait près du cou : à l'instant le mouvement cesse sur les pieds et s'opère sur le cou. Pendant près d'une heure, je fus ainsi obéi, en présence du père de la jeune fille, du receveur de l'enregistrement, et de l'épouse du médecin. Mes commandements étaient prononcés tantôt en français, tantôt en latin.

» Enfin, quelques jours après, on sépara les deux enfants, l'une fut envoyée dans une autre maison, et depuis lors le phénomène n'a pas reparu ».

Il en est arrivé d'autres, beaucoup plus considérables, dans un village de Normandie. Un des témoins, homme instruit et judicieux, M. le marquis de M***, a publié un récit des faits, duquel les lignes suivantes sont extraites :

« Au mois de février 1851, un procès se plaidait et se jugeait très sérieusement à l'une des justices de paix de la Seine-Inférieure. C'était un procès de sorcellerie... Simple témoin déposant dans cette affaire, nous allons en donner un exposé, résumé fidèle des dépositions de vingt témoins qui furent assignés.

» En l'année 1850, une espèce de trombe ou bourrasque violente vient s'abattre sur le presbytère de Cideville, village du

département de la Seine-Inférieure. Et à la suite de cette bourrasque, des coups semblables à des coups de marteau ne cessent
de se faire entendre dans toutes les parties de la maison : sous
les planchers, sous les plafonds, sous les lambris. Tantôt ces
coups sont faibles, brefs, et saccadés; tantôt ils sont d'une
force à ébranler la maison, qui paraît près de tomber en ruine.
Les coups prennent même une telle extension, que l'on peut
les entendre à deux kilomètres de distance, et qu'une grande
partie des habitants de Cideville, cent cinquante personnes, a-
t-on dit, se rendent au presbytère, l'entourent pendant de
longues heures, et l'explorent en tous sens, sans pouvoir en
découvrir la cause.

» A ce phénomène déjà si embarrassant viennent s'en joindre mille autres, qui le sont davantage. Ainsi pendant que les
bruits mystérieux poursuivent leur concert incessant, pendant
qu'ils se font entendre à chaque point qu'on leur indique, ou
reproduisent en cadence le rhythme exact de tous les airs qu'on
leur demande, les carreaux se brisent et tombent en tous sens,
les objets s'agitent, les tables se culbutent ou se promènent,
les chaises se groupent et restent suspendues dans les airs. Les
couteaux, les brosses, les breviaires, s'envolent par une fenêtre et rentrent par la fenêtre opposée. Les pelles et les pin-
cettes quittent le foyer et s'avancent dans le salon. Les fers
qui sont devant la cheminée reculent, et le feu les poursuit
jusqu'au milieu du plancher. Des marteaux volent en l'air avec
force, puis se déposent sur le parquet, avec la lenteur et la
légèreté qu'une main d'enfant pourrait imprimer à une plume.
Tous les ustensiles d'une toilette quittent brusquement le cham-
branle sur lequel on vient de les déposer, et s'y replacent instantanément d'eux-mêmes. D'énormes pupitres s'entre-cho-
quent et se brisent. Bien plus, un d'eux chargé de livres arrive violemment et horizontalement jusqu'au front d'un des
témoins, M. R. de St.-V., et là tombe perpendiculairement à
ses pieds... Le maire de Cideville reçoit un coup violent sur
une cuisse ; et au cri que cette violence lui arrache, on répond
par une caresse bienfaisante, qui lui enlève à l'instant toute
douleur.

» Un autre témoin, propriétaire à quatorze lieues de distance, se transporte à Cideville, à l'improviste et sans en avoir prévenu qui que soit. Après une nuit passée au presbytère, il interroge le bruit mystérieux, le fait battre à tous les coins de l'appartement, et pose avec lui toutes les conditions d'un dialogue. Un coup, par exemple, voudra dire oui, deux coups voudront dire non, puis le nombre des coups signifiera le nombre des lettres, etc. Cela étant bien convenu, le témoin se fait frapper toutes les lettres qui composent ses nom, prénoms, et ceux de ses enfants, son âge et le leur, par ans, mois, jours, le nom de sa commune, etc. Tout cela se frappe avec tant de justesse et de rapidité, que le témoin se voit obligé de prier l'agent mystérieux d'y mettre plus de lenteur, afin qu'il puisse vérifier tous ses dires, qui se trouvent de la plus complète exactitude. Ce témoin, c'était nous-même...

» Un prêtre de Paris, vicaire de S. Roch, M. l'abbé L., se trouvant par hasard et de passage à Yvetot, se transporte à Cideville, à l'improviste. Et voici qu'aux mêmes questions posées par son frère, entièrement inconnu comme lui dans le pays, les réponses arrivent avec la même rapidité, la même exactitude, mais avec cette particularité curieuse que cette fois c'est l'interrogateur qui ignore et ne peut vérifier les détails fournis par la réponse. On lui dit l'âge et les prénoms de sa mère et de son frère ; mais il les a oubliés ou même ne les a jamais sus. N'importe, il en prend note exacte ; et de retour à Paris, il court à la mairie, consulte les registres de l'état civil, et trouve entre eux et les révélations de Cideville une conformité littérale.

» Des réponses ont été faites avec la même exactitude minutieuse à deux propriétaires, venus de la ville d'Eu. Ils se firent dire, avec tous leurs noms et prénoms, le nombre de leurs chiens, de leurs chevaux, leurs habitudes, leurs costumes, etc.

» Omettant une multitude de détails qui, sans avoir été révélés à l'audience, ne sont pas moins attestés, nous terminerons en disant que ces faits se sont reproduits journellement, pendant deux mois et demi ; du 26 novembre 1850 au 15 février 1851 (1) ».

C'est assez de récits et d'attestations, sur les prodiges observés en Europe. Il est temps de nous occuper d'une foule d'autres, plus graves encore et plus sinistres, dont une partie de l'Amérique est, depuis quelques années, témoin et victime.

Entendez d'abord, sur ce sujet, quelques lignes d'un journal très sérieux de Paris.

« Depuis un an », dit *l'Univers*, « les journaux politiques de l'Amérique signalent les progrès d'une nouvelle secte, qui trouve des adeptes sur toute la surface des États-Unis. Ces progrès, loin de se ralentir, prennent un développement notable ; et aux dernières dates, l'attention publique suivait les mouvements des sectaires, réunis en convention générale dans la ville de Cleveland, sur le bord du lac Érié. Il s'agit d'un magnétisme sans somnambulisme, et de l'évocation des âmes des morts, qui viendraient guider les vivants par leurs conseils.

» Deux jeunes filles de Rochester, deux sœurs de treize et de quinze ans, les demoiselles Fox, ont été, il y a quatre ans, les auteurs de cette doctrine, en prétendant qu'elles entraient à volonté en communication avec les esprits. Ceux-ci manifestent leur présence par des coups ou des détonations dans l'air ; et les jeunes inspirées ont la clef de ce langage, qu'elles traduisent à leur guise, pour l'instruction du vulgaire, comme la sybille interprétait l'oracle de Cumes.

» Les esprits se distinguent encore par des chocs imprimés à des tables ou à des chaises. Les meubles se mettent à danser ; les pianos font entendre des concerts célestes, sans le secours d'aucun exécutant visible ; et les rouets tournent en cadence, comme s'ils étaient mus par une active ménagère (2) ».

Un autre journal de Paris, un des moins suspects de prévention en faveur de ce qui peut passer pour miracle ou prodige, publiait naguère les lignes suivantes, où vous verrez qu'il

---

(1) *Des Esprits et de leurs manifestations*, ch. 11, livre publié à Paris, chez Vrayet.

(2) *L'Univers* du 26 juillet 1852.

ne s'agit pas de faits rares, ou obscurs, ou douteux ; mais de phénomènes nombreux, notoires, et avérés.

« Tandis que les Parisiens », dit le journal *le Siècle,* « imposent les mains à des guéridons, et s'émerveillent des effets du fluide magnétique sur de simples objets matériels, les Américains évoquent les morts et causent familièrement avec les esprits. Lisez plutôt les journaux, brochures, et recueils périodiques, qui se publient aux États-Unis : *The wpirit Sorld (le Monde des Esprits), the Star of the truth (l'Étoile de la vérité), the Spiritual telegraph (le Télégraphe des esprits), the Spirit messenger (le Messager des esprits).* Vous y apprendrez que le monde surnaturel n'a plus de secrets pour nous, et que ses mystérieux habitants daignent enfin nous faire des révélations.

» D'après les nouvelles qui nous viennent du pays des Yankees, il s'est fondé, dans la patrie de Franklin, une sorte de secte religieuse, dont le but principal est l'évocation des âmes, qui se révèlent à l'homme sous la forme d'esprits frappeurs. On va bientôt avoir l'explication de ce nom.

» Entrez dans une des réunions de ces nouveaux croyants. Entrez y avec les dispositions les plus sceptiques et l'esprit le plus aguerri contre la croyance aux fantômes et aux apparitions surnaturelles. Il n'est pas nécessaire de croire par avance, pour voir, ou à parler plus exactement, pour entendre. Mêlez vous à la cérémonie, et ne vous en rapportez qu'aux témoignages de vos sens.

» Quelques-uns des nouveaux sectaires attendent, immobiles ou absorbés dans de profondes pensées, la venue de l'esprit. Mais ces réunions silencieuses ne sont pas les plus fréquentes. La plupart du temps, la cérémonie débute par une espèce de sabbat. C'est d'abord une danse sans nom, qui vous emporte dans son tourbillon, au milieu de sons confus et de cris inarticulés. Lorsque les fidèles sont assez exaltés, pour avoir la force de se faire entendre et obéir des esprits, et pour supporter leur entrevue, la ronde s'arrête. Alors il vous semble que les murs résonnent d'une manière étrange, sous des coups répétés. Ces coups sont le langage des âmes que l'on vient d'évoquer et qui sont accourues. Ce sont ces coups qui leur ont valu le nom d'*esprits frappeurs*. On les entend, mais on ne les voit pas.

» Entre ces âmes et les fidèles il y a des intermédiaires, des *médiums*, qu'elles agitent, qu'elles font obéir, et qui deviennent leurs instruments passifs. Peut-être vous croyez-vous le jouet de votre imagination troublée et de vos nerfs irrités par le tumulte de la ronde et le désordre des visages des néophytes.

» Mais voici un médium qui s'avance vers vous et vous demande quelle est l'âme que vous voulez évoquer. A peine avez-vous nommé un parent ou un ami, que vous vous sentez frémir et frissonner de tous vos membres. Vous ne sauriez dire, il est vrai, que vous avez vu l'esprit: il ne s'est produit aucune apparition. Mais vous avez senti, à n'en pouvoir douter, que vous étiez en présence de l'esprit que vous veniez de nommer de son nom terrestre. Son arrivée s'annonce par un bruit semblable au frémissement que doit produire le choc des os d'un squelette, qui serait doué de mouvement et de vie. Maintenant interrogez le spectre invisible. Demandez lui les choses les plus cachées de votre vie et de la sienne. Pressez le, et mettez de toute façon sa science à l'épreuve. Il vous répondra sans hésitation et sans erreur.

» Doutez-vous encore? Vous pouvez aller plus avant et interroger l'esprit, sur le monde inconnu d'où vous l'avez fait sortir et où il va retourner. Il frappera, et le médium vous traduira ses coups en langage humain. Qu'enseigne-t-il? Des mystères de l'autre monde. Sur ce point il existe des relations diverses, extraordinaires. Crainte d'erreur, nous n'en rapporterons aucune.

» Si vous sortez d'une pareille séance, sans que la tête vous tourne, vous pourrez vous vanter à bon droit de l'avoir solide et forte.

» La croyance aux esprits frappeurs fait des progrès et se répand chaque jour davantage... Les nouveaux nécromanciens ont cela de particulier, qu'ils semblent ne pas redouter l'examen. Ils ont, aux Etats-Unis, une dizaine de journaux où ils racontent naïvement ce qui se passe entre eux et les esprits frappeurs (1) ».

____

(1) Extrait du *Siècle* du 4 juin 1853.

Une des *Revues* les plus accréditées qui se publient à Paris, *la Revue britannique*, a donné, sur les prodiges américains, de sûrs renseignements, qui méritent d'être ici rapportés.

« Vous me reprochez », dit un correspondant de ce recueil périodique, « de vous entretenir des voyageurs et des voyageuses qui reviennent tous les mois d'Amérique avec un nouveau livre, sans vous avoir encore mentionné ces esprits extraordinaires qui ont aussi franchi l'Atlantique. Que voulez-vous? J'ai eu peur de me brouiller avec l'autre monde, je veux dire avec le monde des esprits ; parceque je n'avais vu d'abord dans ces manifestations incroyables qu'une jonglerie. Aujourd'hui je risque de me brouiller avec la science incrédule, si je dis qu'il y a dans ce monde plus de choses que n'en peut rêver votre philosophie. Il est évident que les *rappings* sont des bruits surnaturels, quoique la spéculation s'en soit emparée, comme chez les anciens elle s'emparait des oracles, et comme chez les modernes elle s'est emparée du magnétisme. Or comment nier qu'il y ait eu des sibylles, quand la *Bible* l'atteste, et qu'il y ait des somnambules, quand on a soi-même produit un sommeil magnétique? Pour mon compte, c'est ce qui est arrivé plus d'une fois. Les bruits mystérieux ont suivi de près ces expériences électro-biologiques qui nous vinrent aussi d'Amérique, avec le professeur H.-G. Darling.

» Le caractère contagieux et épidémique des manifestations américaines nous ramène au temps où la possession diabolique se répandait d'une population à une autre, et se transmettait même des hommes aux animaux, et *vice versâ;* comme à l'époque où le Sauveur exorcisa ce démon appelé *Légion*, lequel précipita dans la mer tout un troupeau de pourceaux. En Amérique, les bruits mystérieux, *rappings* (du verbe *to rap*, frapper, taper, gratter), ont fait soudain explosion, comme une décharge de mousqueterie, sur tout un continent. D'après les dernières nouvelles, ils iraient jusque à simuler un tremblement de terre. Dans les journaux de New-York, le tremblement de terre a réellement eu lieu; mais il n'est pas encore constaté que la secousse ressentie soit le résultat d'un immense *rapping*.

» Quoique le phénomène ait acquis des proportions extraordinaires, quoique l'on ne compte pas moins de trois cents cercles de croyants à Philadelphie, et trente mille dans l'Union, c'est graduellement que le petit souffle qui fit frissonner les poils de la chair de Job passe à la voix d'une tempête. Et l'esprit frappeur (le *spiritus percutiens* des prières de l'Eglise) n'ébranle une ville entière, qu'après avoir commencé par faire retentir de quelques petits coups la porte d'une maison.

» Voici l'humble début de ces mystères :

» Une nuit de l'année 1847, un M. Weekman, du village d'Hydesville, Etat de New-York, entend frapper à sa porte. Il va ouvrir. Personne. Il ferme. On frappe de nouveau. Il va ouvrir. Personne encore. Ces bruits se répètent si souvent, que M. Weekman, se croyant mystifié, ou pour toute autre cause, quitte la maison. Il est remplacé par le docteur John Fox et sa famille. Les mêmes bruits ont lieu, et paraissent inexplicables, jusque à ce qu'une des filles du nouveau locataire, âgée de quinze ans, s'avise de les provoquer elle-même, comme on provoque un écho. Elle frappe dans ses mains, une fois, deux fois, trois fois, etc., en disant au bruit de lui répondre. Le bruit répond. La conversation s'engage. Compte six, dit miss Fox au bruit ; et six coups prouvent qu'elle est parfaitement comprise. Mistriss Fox, sa mère, intervient et cause à son tour avec le bruit. Combien ai-je d'enfants, demande-t-elle. — Réponse : autant de coups qu'elle a d'enfants. — Quel âge a l'aînée ? — Quinze coups. L'aînée a quinze ans. — Et la cadette ? — Douze coups. La cadette a douze ans. — Est-ce un être humain qui fait le bruit ? — Oui, c'est-à-dire un coup. — Est-il vivant ? — Non, c'est-à-dire profond silence. Voilà la négation et l'affirmation parfaitement distinctes. — Tu es donc mort ? — Oui. — Quel âge avais-tu, quand tu mourus ? — Trente-cinq coups. — Es-tu mort de mort violente ? — Oui.

» Plus tard on apprit que l'être mystérieux avait été enterré dans la maison même, par son meurtrier. Car peu-à-peu la conversation avec lui put s'étendre, au moyen d'un alphabet, dont il épelait les lettres, pour former les mots et les phrases de ses réponses. Par exemple : Sais-tu le nom de ma fille ? — Oui. — Son nom commence-t-il par un *A* ? — Silence négatif.

—Par un *B* ? — Silence négatif. — Par un *C*, un *E*, un *F*, etc... Par un *M* ? — Oui. — La seconde lettre de son nom est-elle un *e* ? — Silence négatif. — Un *a* ? — Oui. Ainsi de suite, jusque à ce que toutes les consonnes et voyelles du nom de Marguerite fussent devinées.

» Avec le temps, l'esprit frappeur et les membres de la famille Fox trouvèrent un assez grand nombre de formules abréviatives, pour causer ensemble, avec une certaine rapidité. Entre eux s'établit une sympathie intime. Et quand le docteur transporta son domicile à Rochester, l'invisible interlocuteur déménagea avec lui.

» Cependant le miracle s'était ébruité, et les sceptiques ayant exprimé des doutes, une expérience publique prouva la véracité de la famille Fox. Enfin, à la longue, cette famille se trouva avoir acquis, par son commerce avec un premier esprit, la faculté d'en évoquer d'autres. Cette faculté merveilleuse, ce don acquis ou naturel se transmet et se communique, par une espèce d'initiation, plus ou moins lente, selon les tempéraments et les susceptibilités nerveuses de l'initié. Mais il faut que ce ne soit pas à des conditions bien difficiles, puisque les intermédiaires, appelés *mediums*, dans l'argot reçu, se sont multipliés, en quelques années, jusque à des milliers.

» C'est un des agréables passe-temps de la soirée, en Amérique, nous dit-on, quand l'entretien languit entre les vivants, d'évoquer un esprit et de causer avec lui, pendant une heure ou deux, à petit bruit. Cette communication entre le monde visible et le monde invisible expose, il est vrai, une société ou une famille à quelques surprises compromettantes, à certaines révélations intempestives. Car il est des esprits indiscrets, il en est de capricieux, de taquins, de méchants; mais il en est aussi de fort aimables, quand le *médium* leur plait. Le romancier Cooper, avant sa mort, eut une conversation assez piquante avec l'esprit du poète écossais Robert Burns, qui lui apprit qu'une de ses sœurs était morte d'une chute de cheval. Les esprits des poètes sont quelquefois mis à l'épreuve par des critiques, qui exigent qu'ils montrent leur identité, par quelques compositions posthumes. Campbell et Southey ont ainsi ajouté, à leurs œuvres connues, des pièces fort extraordinaires, citées par M. Spicer, dans un volume récemment publié à Londres (1). Edgard Poe, ce poète romancier, a été aussi évoqué, et a dicté, au moyen d'une suite de *rappings*, un pendant de son poème bizarre, intitulé *le Corbeau*.

» Ce qui caractérise encore bizarrement les phénomènes qui, depuis quelques années, occupent, aux Etats-Unis, les critiques de la presse, les théologiens des divers cultes, et les philosophes plus ou moins douteurs, c'est que l'apparition n'est pas une *apparition*, mais plutôt une *audition*, exprimée par un bruit, sans image apparente. Les esprits américains sont presque muets. Ils sont réduits à un bruit inarticulé et ont besoin de traducteurs intelligents.

» Quelques-uns de ces traducteurs sont venus à Londres et donnent des séances. Mais, franchement, on ne peut juger par eux de ce qu'il y a de sérieux dans le mystère. Ils font des esprits ce qu'un savoyard fait de sa marmotte ou d'un chien savant. Une séance est fort chère : une livre sterling par tête, quand l'invisible a simplement deviné votre nom, votre âge, le nombre de vos enfants ; puis renversé une chaise ou soulevé une table jusqu'au plafond, malgré vos efforts pour la retenir (2) ».

Ce récit de la *Revue britannique* est confirmé par un journal politique, publié sur les lieux mêmes où s'observent ces prodigieux *rappings*. On trouve dans le *Courrier des Etats Unis* la lettre suivante, datée de St-Louis, ville située sur les bords du Mississipi :

« Il se passe ici et dans une grande partie de l'Amérique des faits auxquels la presse doit une certaine attention.... Les demoiselles Fox sont ici depuis trois semaines. Tous ceux qui ont entendu parler des *spiritual rappings* savent que ces jeunes filles sont les premiers apôtres, apôtres parfaitement passibles et involontaires, selon toute apparence, de la révélation nouvelle... Du reste ces demoiselles n'ont pas le privilège exclusif des phénomènes mystérieux. Depuis six mois le nombre des mé-

______

(1) *Sights and sounds, the mystery of the day.*
(2) *Revue britannique* d'avril 1853.

diums s'est tellement accru, qu'on les compte aujourd'hui par centaines. Il y en a plus de dix mille dans les Etats-Unis...

» Mais il s'agit seulement ici de signaler les démonstrations publiques, en quelque sorte officielles, auxquelles a donné lieu la présence des demoiselles Fox. Elles ont comparu dernièrement dans l'amphithéâtre de l'Ecole de médecine de l'Université du Missouri, devant une assemblée de cinq ou six cents personnes. Un ancien maire de la ville, connu par son opposition à la doctrine nouvelle, avait été nommé président de la réunion. Un comité d'investigations surveillait les expériences, dirigées par le doyen de la Faculté, homme célèbre dans l'Ouest par sa science médicale.

» On fit placer les jeunes filles sur la table de dissection, de manière que le moindre de leurs mouvements ne pût échapper à personne. L'assemblée, muette, contemplait ces deux statues... Les bruits n'ont pas tardé à se faire entendre, semblables à de légers coups de marteau, frappés sur la table et assez distincts pour être entendus dans une salle beaucoup plus vaste. Un dialogue s'est établi entre le doyen et les esprits, ou du moins l'un d'eux, qui a répondu fort à propos aux questions scientifiques qui lui étaient adressées. Il est vrai que les réponses ne se faisaient que par oui et par non. Du reste il s'agissait moins de mettre à l'épreuve la sagacité des esprits que de vérifier la théorie électrique des *rappings*. On a isolé les demoiselles Fox sur des tabourets de verre, et les bruits ont continué à se faire entendre dans la salle, au-dessous d'elles. Des expériences analogues ont montré que le galvanisme et le magnétisme n'étaient pour rien dans la production de ces phénomènes. Je ne parle ici que du magnétisme terrestre. Quant au magnétisme humain, il semble être la dernière ressource de ceux qui ne veulent pas absolument se rendre aux esprits.

» A l'air narquois, à la réputation de scepticisme du vieux professeur, on pouvait croire qu'il allait se faire un plaisir malin de démolir tout l'échafaudage de la doctrine des esprits. Mais le matérialiste de profession a déclaré qu'il croyait à la présence des esprits et à leur communication par des moyens physiques.

» Je pourrais parler de phénomènes plus saisissants que ces bruits inexplicables, et qui semblent bouleverser les lois du monde matériel. Mais j'ai voulu seulement signaler des faits que leur caractère authentique met au-dessus de tout soupçon, et surtout la déclaration solennelle sortie d'un des sanctuaires de la science, au milieu du dix-neuvième siècle (1) ».

Une des nombreuses relations publiées aux États-Unis, sur les merveilleux *rappings*, a été composée par un pasteur protestant, M. C. Hammond, rendant compte de ce qu'il avait vu et éprouvé lui-même. Voici un extrait de son récit :

« Dans la troisième des visites que je fis aux trois sœurs Fox et à leur mère, il était huit heures du soir. Une bougie allumée était placée sur une grande table, autour de laquelle nous nous assîmes. J'occupai un des côtés de la table. La mère et la plus jeune sœur étaient au côté droit, les deux autres sœurs au côté gauche. Le quatrième côté était vacant.

» Dès que nous fûmes assis, les bruits se firent entendre, et ils continuèrent avec autant de force que de rapidité, jusque à ce que la chambre entière fut agitée d'un tremblement, causé par ces bruits violents. Tout-à-coup et comme nous avions tous les mains posées sur la table, je sentis qu'elle s'élevait en l'air. Je voulus la retenir de toutes mes forces; mais la table s'échappa de mes mains et se transporta d'elle-même à une distance de six pieds. Je pus m'assurer qu'aucun fil ni aucune corde ne l'avaient trainée là où elle s'était posée. Car j'étais venu, pour démasquer une imposture, si j'étais parvenu à en découvrir une.

» Un des assistants prononça alors ces mots : Est-ce que l'esprit voudra bien transporter la table où elle était auparavant ? Aussitôt nous vîmes revenir à nous la table, comme si elle était portée sur la tête d'une personne, sans garder bien l'équilibre. En même temps les démonstrations devenaient de plus en plus bruyantes.

» La famille Fox commença à chanter le chant des esprits et plusieurs autres morceaux de musique, pendant lesquels la

---

(1) Extrait du *Courrier des États-Unis* du 8 juillet 1852.

table battait la mesure. A ce moment une main transparente, ressemblant à une ombre, se présenta devant mon visage. Je sentis les doigts tirer une mèche de mes cheveux, en me forçant à baisser la tête à gauche. Ensuite une main, froide comme la mort, s'appliqua sur mon visage. Je sentis trois coups sur le genou gauche, tandis que ma jambe droite était poussée avec force sous la table. Deux mains invisibles me frappèrent sur les épaules, et ma chaise fut entrainée avec moi et changea de place.

» Pendant ce temps, un morceau de carton se mit à parcourir la chambre en tous sens. Le store d'une des fenêtres se roula de lui-même et se déroula deux fois. Un sopha, placé derrière moi, dansa violemment. Deux tiroirs d'une commode s'ouvrirent et se fermèrent avec une prodigieuse rapidité. Et un rouet tourna, comme si une ménagère s'en fût servie pour filer.

» Toutes ces démonstrations et bien d'autres, dont je fus témoin pendant cette soirée, me laissèrent parfaitement maitre de moi-même : de manière que je pus les observer avec tout le soin possible. J'éprouvai seulement, lorsque la main froide vint se poser sur mon visage, un léger frisson semblable à celui que cause le contact d'un corps mort.... Je dois ajouter qu'à la fin de ma visite, je sentis dans le parquet une violente vibration, comme si un poids de plusieurs tonnes y fût tombé d'une grande hauteur. Tous les objets contenus dans la chambre en éprouvèrent un tremblement qui dura plusieurs minutes (1) ».

Parmi les observateurs les plus distingués qui s'occupent, aux États-Unis, des nouveaux prodiges, on remarque M. Edmonds, ancien président du sénat de New-York. Un auteur anglais, parlant de lui dans un ouvrage récemment imprimé à Londres, rapporte ce qui suit :

« Un des hommes les plus généralement respectés aux États-Unis, un ancien président du Sénat, le juge John Edmonds, ayant eu une apparition de la femme qu'il avait perdue quel-

____

(1) Brochure publiée en Amérique, et citée dans *le Correspondant* d'aout 1852, puis dans *la Revue contemporaine* de mai 1853.

ques semaines auparavant, fut invité à jouir une seconde fois de la même consolation. Cette deuxième séance lui inspira le désir d'approfondir sérieusement la nature de faits si extraordinaires. Il porta dans ses investigations la prudence et l'habileté d'un homme habitué depuis longtemps aux recherches judiciaires. Ne voulant pas se contenter des coups, des frappements, des rotations de table, il demanda d'autres preuves. Alors des phénomènes plus significatifs vinrent le forcer à se rendre. Nous citerons les suivants :

» Le 24 mai 1852, une assemblée avait lieu dans la maison de M. Partridge, de New-York. Vingt personnes environ s'y trouvaient avec lui. Des coups furent bientôt entendus, et les esprits firent savoir que l'on devait jouer d'un piano, qui se trouvait au milieu du salon. On obéit ; et pendant l'exécution, les coups battirent exactement la mesure. Mais ils furent suivis des plus étranges soubresauts, dans toutes les tables et les chaises, dont plusieurs furent transportées et bientôt remises aux places qu'elles occupaient d'abord. Toutefois ces démonstrations, maintenant habituelles et fréquentes, n'étaient que le prélude de manifestations d'un caractère plus stupéfiant.

» Quelqu'un ayant proposé d'obscurcir la chambre dans laquelle on se trouvait, des lumières jaillirent des différents points de l'appartement : quelques-unes ressemblant à des flammes phosphorescentes, quelques autres formant des nuages lumineux et mobiles, d'autres prenant la forme d'étoiles brillantes, de cristaux, de diamants. Ces démonstrations physiques augmentèrent de plus en plus d'éclat et d'intensité, et se prolongèrent pendant trois heures. Durant tout ce temps, le juge Edmonds semblait être lui-même au pouvoir des esprits. Il annonça plusieurs fois que ces esprits lui révélaient des choses qui lui étaient arrivées autrefois, et dont lui seul pouvait avoir la mémoire et le sentiment. Pendant ces révélations, l'on s'apercevait que quelque chose d'extraordinaire agissait sur lui et autour de lui.

» La soirée s'acheva d'une manière ravissante ; car plusieurs instruments de musique, placés dans des chambres contigues, s'étant mis à jouer, séparément d'abord, puis tous ensemble, soit par terre, soit dans les airs, ce fut un concert admirable, pendant lequel la mesure fut battue comme par la main du plus habile des chefs d'orchestre.

» Enfin à une réunion subséquente, le juge Edmonds reçut d'une voix invisible l'annonce qu'il deviendrait un médium. Cette promesse se réalisa ; car il devint bientôt un lucide du premier ordre et l'un des premiers médiums de l'Amérique (1) ».

Écoutons encore la mention d'un prodige singulièrement frappant, arrivé aussi dans les États-Unis. M. le marquis de M*** le cite en ces termes, dans son livre *des Esprits et de leurs manifestations :*

« M. Simons, magistrat des plus considérés, venant de perdre un fils, se laisse prendre au désir de l'évoquer dans un cercle. Le médium voit ce fils et le dépeint ; cela ne suffit pas au malheureux père. Il reconnaît son langage ; cela ne suffit pas encore. Qu'il m'écrive, s'écrie-t-il, et je le reconnaîtrai certainement.

» Un crayon est alors posé sur la table, et toute l'assistance observe. Le crayon s'agite, mais retombe à plusieurs reprises. On le place alors dans un support annulaire. Grace à ce léger support, le crayon marche seul, écrit une lettre touchante, et confond le père, moins par l'expression de sentiments bien connus, que par l'imitation parfaite de l'écriture, par les incorrections du style, et surtout par quelques fautes d'orthographe habituelles au fils (2) ».

Maintenant voici le curieux et important récit d'un Français éclairé, qui, ayant séjourné aux États-Unis, observé attentivement les prodiges de ce pays, et expérimenté lui-même, publie ce qu'il a vu et entendu :

« Chaque médium », rapporte M. de Laroche-Héron, « a, en quelque sorte, une manière différente de converser avec les esprits. Ainsi, tandis que les jeunes filles de Rochester s'en tiennent à leurs tapotages, quelques-uns de leurs élèves obtiennent des résultats beaucoup plus complets. A la Nouvelle-Orléans,

---

(1) Extrait du livre anglais intitulé *Sights and sounds*, et cité dans le livre français *des Esprits et de leurs manifestations*, ch. 12.

(2) *Des Esprits et de leurs manifestations*, ch. 12.

voici quelle est la manière de procéder. On se réunit en cercle autour d'une table, en nombre n'excédant pas douze personnes. On adresse alors une invocation aux esprits, en les invitant à s'emparer de l'un des vivants présents, de manière à manifester leur présence par son intermédiaire. Quelquefois l'esprit fait la sourde oreille ; mais souvent aussi, et au bout d'un quart-d'heure d'attente, on voit un des assistants saisi d'un tremblement nerveux. Sa main droite s'agite violemment. Il demande une plume ou un crayon et un papier, sur lequel sa main trace d'abord des jambages indéchiffrables. Peu-à-peu les caractères se forment, et l'inspiré se déclare prêt à répondre par écrit à toutes les questions. Selon lui, sa main droite serait dirigée par les esprits, sans la participation du médium. On le voit alors connaître des faits qu'il ignorait parfaitement dans son état naturel, ou même répondre en des langues étrangères qu'il n'a jamais apprises. Des témoins honorables affirment avoir vu des enfants en bas âge être ainsi choisis comme instruments par les esprits ; et sans que jamais ils aient su écrire, ils tracent des pages entières d'un style irréprochable, en anglais ou en français...

» Maintenant nous sera-t-il permis de raconter la consultation à laquelle nous avons personnellement assisté à New-York, le 2 avril dernier. Nous dirons ce que nous avons vu et entendu, avec toute la candeur et la franchise dont nous sommes capable....

» Le 2 avril, à sept heures du soir, en compagnie d'un ami fort intelligent, consul d'une des puissances européennes à New-York, nous nous sommes rendu chez Mme Brown, la sœur aînée des demoiselles Fox, qui habite dans la vingt-sixième rue. Un domestique nous a introduits dans un salon, après avoir prélevé de nous la cotisation d'usage. Nous n'étions pas connus, nous n'étions pas attendus. Et nous sommes convaincu qu'à l'heure qu'il est Mme Brown ignore encore notre nom et notre histoire. Le domestique nous dit que les dames prennent le thé et nous rejoindront dans quelques minutes. Nous en profitons, pour scruter dans tous les sens le salon où l'on nous admet : sondant les murs, soulevant les tables, cherchant partout, mais sans en trouver, des doubles-fonds, des trapes, des fils métalliques, ou des conduits acoustiques. Bientôt deux hommes et trois dames viennent se joindre à nous; mais ils paraissent être des amis de la maison, et pourraient aisément passer pour compères, s'il y avait lieu de s'en servir. L'un des hommes, vieillard décharné, à figure patibulaire, dit qu'il vient tous les soirs converser avec l'esprit de sa fille morte. Il est sous l'influence complète de ces hallucinations, et il sera fou probablement avant six mois.

» Mme Brown et ses sœurs se présentent et nous invitent à nous asseoir tous autour d'une longue table ovale. Vous venez, dit Mme Brown avec beaucoup d'aisance, pour consulter les esprits. Mais il faut d'abord qu'ils soient dans l'appartement, et ils n'y viendront qu'après que nous aurons été en cercle pendant cinq ou dix minutes. Jusque là nous pouvons causer de choses indifférentes. La société suit ce conseil, lorsque des coups se font entendre dans la table, puis dans le parquet, puis au plafond, puis sur des vitres; les tapotages devenant aussi continus et aussi forts qu'un roulement de plusieurs tambours. Vous voyez, dit Mme Brown, que les esprits y sont, et vous pouvez maintenant les consulter.

» Nous commençons par chercher à nous rendre compte de ces bruits étranges, qui bientôt semblent se localiser à la table seule. L'un de nous en ôte le tapis, le soulève, et applique l'oreille sur la planche. Nous demandons au médium si les bruits se feraient de même entendre de tout corps solide que nous désignerions; et sur la réponse affirmative, nous ouvrons une fenêtre. Mme Brown et l'une de ses sœurs, tenant leurs mains entrelacées, les élèvent dans la direction d'une vitre, les mains étant cependant éloignées du verre d'un pied environ. Aussitôt des sons, semblables à un battement de dix doigts sur la vitre, retentissent, à notre grand étonnement. Nous demandons que les sons sortent successivement de toutes les vitres; et il nous suffit d'indiquer celle que nous voulons, pour que le même roulement s'y fasse entendre. Une série d'expériences semblables fait promener les tapotages dans toutes les parties du salon : porte, fenêtres, glace, cheminée, meubles, etc., .

» Ensuite nous nous hasardons à poser les questions suivantes en français. Les esprits sont réputés polyglotes et répondent à toutes les langues connues. — Est-ce que l'esprit de quelqu'un de mes parents décédés est ici présent? — Trois coups affirmatifs se font entendre. — Est-ce l'esprit de mon père? — Trois coups encore. — Ma mère est-elle aussi près de moi? — Trois coups légers paraissent venir d'une autre partie de l'appartement. — Ma mère, vous -ai-je connue? — Un coup négatif. — Êtes-vous heureuse dans l'autre monde? — Trois coups. — Avez-vous été heureuse sur la terre? — Trois coups.

» Ce singulier dialogue ne laisse pas de nous causer un certain trouble; et nous gardons un instant le silence. Mme Brown nous invite alors à vérifier si ce sont bien les âmes de nos parents, en les questionnant sur des faits intimes, ignorés des médiums et de l'assistance entière. Elle nous dit même que, pour nous prémunir contre toute supercherie, nous pouvons écrire nos questions et obtenir la réponse des esprits, sans qu'aucune personne présente ait lu ou su ce que nous demandons. Nous prononçons alors ces mots à haute voix : L'esprit voudra-t-il bien frapper trois coups, quand j'écrirai le prénom de ma mère? Puis, prenant un papier, et loin de tous les regards, nous écrivons successivement cinq noms de baptême autres que celui que nous avons en vue. Tout reste silencieux. Nous écrivons la première lettre du prénom de notre mère: aussitôt les trois coups se font entendre, avant que le mot ait été seulement achevé.

» Nous posons ainsi successivement une cinquantaine de questions, sur des faits, des noms, des dates, que nous savons n'être connus de qui que ce soit en Amérique. Nous obtenons invariablement des réponses satisfaisantes, sans aucune erreur. On nous indique même les maladies qu'ont eues nos différents parents, les causes de leur mort, et d'autres détails d'une précision prodigieuse.

» Notre ami obtient de même un nombre aussi considérable de réponses conformes à la vérité, sans aucune erreur (1) ».

_____

(1) M. de Laroche-Héron, dans *la revue contemporaine* de mai 1853.

Malgré tous les témoignages que vous venez de lire, sur les merveilleux phénomènes dont l'Amérique est émue, il faut écouter encore un écrivain français, bien informé de ces prodiges lointains, et très-capable de les apprécier. Voici comme il les expose, dans un écrit publié à Paris :

« Nous allons examiner en quoi consistent ces phénomènes, aujourd'hui répandus dans une foule de localités, sur l'immense étendue de l'Union-Américaine.

» Les bruits ou coups connus sous la dénomination de *rappings, knockings*, sont souvent de natures très différentes.... Dans certaines circonstances le bruit a été si fort, qu'il s'est fait entendre jusqu'à une distance de deux milles.

» Au moyen de ces coups et à l'aide de la récitation de l'alphabet, les êtres invisibles qui les produisent sont parvenus à faire des signes affirmatifs ou négatifs, à compter, à écrire des phrases et des pages entières. Mais c'est bien loin d'être tout. Non seulement ils battent des marches, suivent le rhythme des airs qu'on leur indique ou que l'on chante avec eux, et imitent toute sorte de bruits, tels que celui de la scie, du rabot, d'une navette, de la pluie, de la mer, du tonnerre; mais on les a entendus, dans certains cas, jouer des airs sur des violons ou des guitares, sonner des cloches, et même exécuter, sans qu'aucun instrument fût présent, de magnifiques morceaux de musique militaire.

» D'autres fois on voit, sans cause connue, ou sur la simple demande des assistants, et sans que personne les touche, des meubles ou autres objets de toute nature et de toute dimension se mettre en mouvement; tandis que d'autres, au contraire, prennent une telle adhérence au plancher, que plusieurs secousses ne peuvent les ébranler. D'énormes tables parcourent les appartements avec une rapidité effrayante, bien qu'elles soient chargées de plusieurs centaines de livres. D'autres s'agitent, s'inclinent de plus de quarante-cinq degrés, sans que les plus petits objets qui les couvrent se renversent. D'autres sautent sur un pied et exécutent une véritable danse, malgré le poids de plusieurs personnes qu'elles entraînent. Des hommes même sont transportés tout d'un coup d'un bout d'une chambre à un autre, ou bien sont enlevés en l'air et y demeurent quelques instants suspendus.

» De plus, des mains sans corps se laissent voir et sentir; ou bien elles apposent, sans qu'on les voie, des signatures de personnes décédées, ou d'autres caractères, sur des papiers dont nul ne s'est approché. Ici on aperçoit des formes humaines diaphanes, dont on entend même quelquefois la voix. Là des porcelaines se brisent d'elles-mêmes, des étoffes se déchirent, des vases se renversent, des bougies s'éteignent et se rallument, des appartements s'illuminent et rentrent tout-à-coup dans l'obscurité, des fenêtres sont brisées à coups de pierres, des femmes sont décoiffées. Enfin l'on n'en finirait pas, si l'on voulait énumérer tous les faits étranges, fantastiques, souvent grotesques, qui sont très sérieusement racontés dans les relations américaines...

» Beaucoup de faits que nous venons de rapporter, et les plus importants, sont établis d'une manière si positive et si authentique, qu'il est impossible de les révoquer en doute, sans attaquer le caractère et la bonne foi des nombreux témoins qui les attestent, parmi lesquels se trouvent des hommes honorables et éclairés, tels que des magistrats, des médecins, des professeurs, des ministres de cultes, et même un évêque protestant. Pour s'en convaincre, il suffit de parcourir les ouvrages divers qui ont été publiés dans ce pays, et qui sont si nombreux, qu'ils forment déjà une branche assez importante de la littérature américaine... Quant aux journaux et aux revues spécialement consacrés au même sujet, il paraît qu'il y en a maintenant une douzaine. Le fait seul du nombre de ces publications donne une idée de l'importance qu'a prise cette question, et de l'intérêt qu'elle inspire à la population des États-Unis...

» On désigne sous le nom de *médiums* certaines personnes qui sont des intermédiaires obligés... Certains médiums très développés, étant en rapports constants avec les esprits, obtiennent presque toujours, partout où ils se trouvent, que ces esprits se manifestent à leur volonté...

» Indépendamment des *Rapping médiums*, c'est-à-dire de

ceux en présence desquels des coups se font entendre, on en voit qui, sous l'influence des esprits, tombent subitement dans des états nerveux tout-à-fait semblables à ceux que produit souvent le magnétisme, et qui deviennent alors de véritables automates, des membres et des organes desquels les esprits disposent à volonté. Dans cet état, les médiums répondent aux questions verbales ou même mentales, adressées aux esprits. Ils répondent par des mouvements spasmodiques et involontaires, soit en frappant des coups avec la main, soit en faisant des signes de tête ou de corps, soit en indiquant du doigt sur un alphabet des lettres successives, avec une rapidité telle qu'il est souvent difficile de les suivre.

D'autres, les *Writing médiums*, sentent tout-à-coup leurs bras saisis d'une raideur tétanique. Alors, armés d'une plume ou d'un crayon, ils servent aux esprits d'instruments passifs, pour écrire ou dessiner les choses que ceux-ci veulent faire connaître, et parfois des volumes entiers, sans que la plupart du temps leur intelligence soit en jeu.

» Les *Speaking médiums* sont de véritables pythonisses. D'une voix, souvent toute différente de la leur, ils prononcent, soit éveillés, soit quelquefois même dans leur sommeil naturel, les paroles qui leur sont inspirées, ou qui sont mises directement dans leur bouche. Et quand certains d'entre eux ont voulu résister à ce genre de possession, ils ont été *vigorously exercised,* c'est-à-dire sont tombés dans des convulsions violentes. On en a vu, sous cette inspiration, faire des cours et prononcer des discours entiers, complètement opposés à leurs opinions politiques ou religieuses. On cite même, quoique le fait ait été fort contesté, des médiums qui parlent et écrivent des langues européennes ou orientales, qu'ils ne savent pas dans leur état ordinaire, ou des langues tout-à-fait inconnues, dont les sons étranges rappellent celles des sauvages de l'Amérique.

» Quelquefois des médiums, qui étaient au préalable clairvoyants magnétiques à l'état de veille, ou qui tombent dans cet état par l'action des esprits, les voient et les entendent eux-mêmes, comme les extatiques de Cahagnet. Ou bien encore ils décrivent, de la manière la plus détaillée, des scènes ou des tableaux animés, que ces esprits leur font voir et entendre.

» Il est des médiums qui, sous l'influence des esprits, imitent avec une habileté surprenante la figure, la voix, la tournure, et les gestes de personnes qu'ils n'ont jamais connues; et jouent des scènes de leur vie d'une façon telle, qu'on ne peut s'empêcher de reconnaitre l'individu qu'ils représentent...

» Quelquefois les esprits donnent spontanément aux personnes auxquelles ils s'intéressent, sur leurs affaires personnelles, sur des dangers qui les menacent, sur leur santé, sur des réformes à opérer dans leurs habitudes ou leur caractère, des conseils qui prouvent une connaissance parfaite de tout ce qui les concerne, eux, leurs parents, et leurs amis...

» Il est des esprits qui, par l'intermédiaire de leurs médiums, décrivent des maladies, en prévoient les crises, en indiquent le traitement, et en opèrent la guérison par l'imposition des mains, ou par des passes magnétiques, comme le font les somnambules clairvoyants.

» D'autres ont donné, sur des faits anciens et oubliés, ou sur des faits récents ignorés de toutes les personnes présentes, ou encore sur des choses qui se passaient à des distances telles qu'ils ne pouvaient pas en avoir naturellement connaissance, des détails suivis et circonstanciés, qui parfois se sont trouvés d'une exactitude incroyable (1) ».

Le grand nombre de témoignages consignés dans les pages que vous venez de lire constate qu'il est vraiment survenu en Europe, depuis quelques mois, et en Amérique, depuis plusieurs années, des phénomènes extraordinaires qui méritent un grave examen. Quelque prévenu qu'on soit, à l'égard de ces évènements, quelques difficultés qu'on éprouve à les concilier avec ses opinions personnelles, on doit reconnaitre que d'irrécusables témoignages les attestent, au moins en général. La raison et la conscience demandent que la réalité

_____

(1) Extrait du *Mystère de la danse des tables dévoilé*, écrit publié à Paris, chez Devarenne.

de ces faits, de la plupart du moins, soit franchement avouée.
Ne savons-nous pas d'ailleurs qu'outre toutes les causes connues, qui agissent naturellement sur le globe terrestre, il peut
en exister d'autres, placées dans un monde supérieur, plus
puissantes que celles d'ici bas, et capables d'opérer des phénomènes impossibles aux créatures de la terre ?

Résumés en peu de mots, les évènements dont nous nous
occupons consistent en trois sortes de faits merveilleux :

Premièrement, tantôt à la demande de quelqu'un, tantôt
sans cette circonstance préliminaire, des objets matériels tres-
saillent et s'agitent soudainement, des meubles se soulèvent
et marchent, des tables se mettent à tourner, des coups re-
tentissants sont frappés sur les portes ou les fenêtres, des
bruits divers se font entendre, des sons harmonieux sont
produits avec art. Tout cela, sans qu'on aperçoive jamais la
cause qui opère tant de merveilles.

Deuxièmement, plusieurs de ces objets matériels se meuvent
dans la direction qu'on indique, s'arrêtent ou continuent leur
mouvement suivant les désirs qu'on témoigne, répondent
par des coups bien distincts aux questions qui sont faites, expriment ainsi les nombres demandés, annoncent ainsi une
foule de choses diverses.

Troisièmement, un certain nombre des objets matériels dont
il s'agit révèlent des faits inconnus aux personnes qui les interrogent, dévoilent des mystères du passé, prédisent les évènements de l'avenir, enseignent des choses imperceptibles sur
la terre pour l'esprit humain.

Tel est, en peu de mots, l'ensemble des phénomènes cons-
tatés par les témoignages que vous avez entendus. Voilà les
faits merveilleux dont nous avons maintenant à découvrir la
source.

CHAPITRE III.

FORCES SURHUMAINES DE LA PUISSANCE QUI OPÈRE LES PRODIGES RÉCENTS D'EUROPE ET D'AMÉRIQUE.

Le monde terrestre où nous vivons a reçu du suprême Auteur de toutes choses un ensemble de forces diverses, qui produisent tous les effets naturels qu'on observe dans le cours des siècles. Ces forces ont été distribuées, par la sagesse divine, entre les différentes classes de créatures qui composent notre monde. De sorte que pour découvrir la cause cachée d'un fait soudainement apparu, il faut chercher successivement, dans ces classes d'êtres divers, s'il s'y trouve quelque force capable de produire un tel effet.

Voulant remonter à la source des merveilles récentes dont s'inquiètent l'Europe et l'Amérique, nous avons à examiner si ces phénomènes ont pu être produits par les forces naturelles de la matière inerte, tant solide que fluide, ou par celles des végétaux qui couvrent notre globe, ou par les facultés des animaux qui le peuplent, ou enfin par la puissance des hommes.

Une grande partie des faits dont il s'agit révèlent explicitement de l'intelligence et de la volonté; puisque des réponses précises sont données aux questions des observateurs; et que beaucoup de choses leur sont annoncées, tantôt par des signes qui expriment de la connaissance et de l'intention, tantôt par des écritures pleines de pensées et de résolutions. Donc d'abord les phénomènes ne peuvent être attribués ni à la matière inerte, ni à l'organisation végétale, toutes deux dépourvues d'intelligence et de volonté.

La puissance productrice de ces merveilles comprend plusieurs langues humaines, sinon toutes; car elle répond exactement, et quelquefois par écrit, à des questions faites en plusieurs de ces langues. Elle sait, au moins en partie, ce qui est arrivé autrefois sur la terre; car elle le raconte. Elle sait, au moins en partie, ce qui s'y passe présentement, même au loin et dans l'ombre du mystère; car elle le déclare. Elle sait encore une partie de ce qui s'y passera dans l'avenir, car elle le prédit parfois avec une étonnante justesse. Or tant de savoir et de pénétration surpasse manifestement les facultés naturelles des animaux de toute espèce. Donc ils ne sont point la cause des merveilles récentes d'Europe et d'Amérique.

La puissance occulte dont il s'agit s'empare soudainement d'objets matériels très divers. Elle saisit invisiblement des sièges, des tables, des commodes, des portes, des fenêtres, des instruments, des vases, des vêtements, et une foule d'autres objets. Elle soulève les uns, transporte les autres, en fait tourner plusieurs, en tient quelques-uns suspendus dans l'air sans appui, en brise quelques autres. Il en est aussi qu'elle fait résonner harmonieusement. Et tout cela, produit par d'inouïs et imperceptibles moyens, s'opère tantôt après une imposition de mains faite par quelques personnes, tantôt et aussi bien sans aucune intervention corporelle de leur part; souvent selon les demandes qu'elles ont exprimées, et souvent aussi sans qu'elles aient rien demandé ; quelquefois conformément à leurs désirs secrets, et d'autres fois contrairement à leurs intentions. De sorte que dans les faits rappelés en ce moment, la mystérieuse puissance se montre étrangère aux hommes, indépendante d'eux, et supérieure à tous en pouvoir sur la matière.

De plus, la même puissance connait souvent, sinon toujours, les pensées secrètes et les désirs cachés des personnes qui l'interrogent ; puisque, tant de fois, elle répond aux unes et satisfait les autres avec une justesse soudaine. Souvent aussi, et peut-être toujours, elle sait, sans que nul homme vienne le lui apprendre, ce qui se passe et s'est passé par hasard dans des lieux voisins et dans des provinces lointaines; puisque fréquemment elle le déclare, avec une exactitude surprenante, aux personnes qui le lui demandent, même à l'improviste. Elle sait de même souvent, si ce n'est toujours, sans l'apprendre d'aucun homme, quelles étaient sur la terre les opinions et les habitudes des personnes qui n'y sont plus, quels furent leurs qualités et leurs défauts, puis les divers évènements de leurs vies ; car, bien des fois, elle les a représentés sur-le-champ, avec une vérité effrayante, à ceux de leurs parents qui sont venus inopinément la questionner à ce sujet. Or tout le monde sait que parmi les facultés naturelles de l'homme, il n'en est aucune par laquelle il puisse lire les pensées et les intentions cachées dans les esprits de ses semblables ; connaître, sans l'avoir appris de personne, ce qui se passe et s'est passé par hasard dans des lieux très éloignés ; savoir subitement quelles furent les vies des personnes décédées, sur lesquelles on vient à l'improviste adresser des questions. Donc les phénomènes d'intelligence mentionnés en ce moment ne peuvent être attribués aux forces naturelles de l'homme.

Il y a plus encore. La puissance dont émanent ces faits étonnants écrit en plusieurs langues des choses sensées, des discours raisonnables, des pages éloquentes ; tantôt sans la coopération d'aucune personne humaine ; tantôt en se servant de la main d'un enfant en bas âge, qui ne sait et ne peut savoir ce qu'écrivent ses doigts ; tantôt en saisissant et paralysant le bras d'une personne plus âgée, qui parfois ignore entièrement ce que lui fait écrire la force invisible qui s'est emparée de sa main. Ainsi, en ces cas merveilleux, la puissance qui agit n'est point une faculté humaine, mais une force supérieure à celles des hommes et capable de les subjuguer.

Voilà trois genres de phénomènes dont il résulte que l'invisible puissance, objet de nos recherches, n'est point dans l'homme. Et vous avez vu auparavant qu'elle n'est point non plus dans les animaux, ni dans les plantes, ni dans la matière inerte du monde où nous vivons.

Ainsi toutes les classes de créatures terrestres, examinées successivement, sont reconnues incapables de produire des effets tels que les phénomènes récents d'Europe et d'Amérique. Ni la matière inerte, tant solide que fluide ; ni la multitude des plantes, éparses sur la terre ; ni la foule variée des animaux qui l'habitent ; ni les facultés, pourtant si fécondes et si puissantes, des hommes ne peuvent rien opérer d'équivalant à ces merveilleux phénomènes.

Par conséquent la grande et invisible puissance qui les produit réside hors des créatures qui composent notre monde. Elle est au-dessus de la nature terrestre.

Et comme cette puissance supérieure manifeste hautement de l'intelligence et de la volonté, il est indubitable qu'elle réside en un ou en plusieurs esprits. La pluralité de ces êtres éminents est très probable, d'après la multitude des merveilles opérées en même temps dans l'Europe et dans l'Amérique, d'après aussi l'immense savoir que supposent ces nombreux phénomènes, et encore d'après les différences considérables d'opinions et de doctrines qu'on trouve exprimées dans ces évènements.

La conclusion où nous sommes en ce moment amenés, par la foule entrainante des faits, se trouve remarquablement confirmée par une circonstance importante. C'est que communément, pour obtenir des phénomènes tels que ceux qui sont consignés dans cet écrit, il faut appeler par la parole ou par le désir l'invisible puissance qui les opère; il faut l'évoquer par des aspirations intérieures, soit seules, soit accompagnées de certaines cérémonies, ou de quelques chants, ou de prières orales. Et à ces aspirations humaines la mystérieuse puissance répond, non pas toujours, mais quand elle veut, non pas servilement, mais à son gré. Tant il est vrai qu'elle réside en des êtres supérieurs, doués d'intelligence et de volonté, en des esprits par conséquent.

Aussi les hommes qui ont acquis une connaissance exacte des merveilleux phénomènes dont il s'agit sont généralement persuadés, en Amérique du moins, seule contrée où ces faits soient bien connus, que des esprits d'un autre monde les opèrent dans le nôtre. Aux États-Unis, on s'adresse, par la parole ou par le désir, expressément et directement à ces esprits, lorsque on veut obtenir quelques nouveaux prodiges. Vous avez dû le remarquer précédemment, en lisant le récit des faits américains.

Dans l'immensité de l'univers, tel qu'il est sorti des mains toutes puissantes de l'Éternel, le globe terrestre que nous habitons n'est qu'une partie assez petite et assez obscure. Nous-mêmes qui vivons présentement sur ce monde planétaire, nous ne sommes aussi qu'une partie très-médiocre dans la hiérarchie des êtres pensants, tant réels que possibles ; dans la multitude des esprits, tant créés que pouvant l'être. Il n'y a donc pas lieu de nous étonner beaucoup, en découvrant que des esprits d'un ordre supérieur à nous interviennent merveilleusement, depuis quelques années, dans les choses d'ici-bas.

Nous intervenons de même journellement dans la vie d'une foule d'êtres inférieurs à nous, mais doués cependant de sentiment, d'intelligence, et de volonté. Journellement nous opérons devant les animaux, tantôt pour eux, tantôt contre eux, une foule de faits qui sont à leur égard d'inconcevables merveilles ; comme le sont par rapport à nous les phénomènes produits, en Europe et en Amérique, par des esprits supérieurs à nous.

Ainsi s'agite, sous les regards du Très-Haut, la vivante et mystérieuse chaîne de ses créatures animées. Sa suprême providence les a toutes comprises dans l'étendue de ses vastes desseins, dont le plan nous est voilé. Il nous suffit, à nous créatures morales, de savoir que pour les êtres doués de la connaissance du bien et du mal, capables ainsi de mérite et de culpabilité, un jour final doit venir où il sera rendu à chacun selon ses œuvres, avec une souveraine et infaillible équité (1).

---

(1) Ce serait ici le lieu de présenter et de combattre les solutions contraires à la doctrine soutenue dans ce chapitre. Mais où trouver des solutions présentables ? Toutes celles que nous avons vues se hasarder à paraître, sur le seuil de la publicité, ne se sont-elles pas enfuies, mornes et confondues, dès que les tables magiques ont commencé à répondre aux questions des observateurs, et que les prodiges d'Amérique ont été connus en Europe ? Rappelez-vous cependant ces téméraires tentatives d'explication physique.

Quand il ne s'agissait encore que d'expliquer le tournoiement des tables, des hommes sont venus vous dire gravement : Vous voyez que plusieurs mains sont étendues sur chaque table ; or dans toutes ces mains il y a des artères qui battent ; peut-être donc qu'à force de battre, elles emportent la table et la font tourner.

D'autres ont dit : C'est plutôt « la contraction prolongée des muscles », qui opère le mouvement.

D'autres : C'est peut-être un fluide électrique ou magnétique, échappé des doigts.

CHAPITRE IV.

IMMORALITÉ DE LA PUISSANCE DONT ÉMANENT LES PRODIGES RÉCENTS D'EUROPE ET D'AMÉRIQUE.

Quelque obscure que soit pour nous, en ce monde d'épreuves mystérieuses, la connaissance du vaste univers dont le genre humain est une partie peu considérable, mais inquiète et

---

D'autres : Peut-être aussi est-ce la volonté des observateurs qui agit sur les tables.

Enfin un médecin a publié que, pour opérer avec plus de succès, on devait avoir les poches pleines de pièces de cinq francs. Lisez *la Patrie* du 10 juin 1853.

Voilà les doctes suppositions qui ont été imaginées et données au public, pour répondre à ses demandes réitérées d'explications. Encore n'a-t-on abordé qu'un seul des nombreux phénomènes, un des moindres faits, le simple tournoiement des tables.

Or qu'un faible mouvement d'artères, qui ne peut déplacer un fétu de paille, soit tout-à-coup capable, on ne sait comment, de soulever et de transporter des tables pesantes et chargées : c'est une fiction insensée. Que « la contraction prolongée des muscles » puisse, en touchant seulement un meuble, le faire tourner pendant quelque temps : c'est une rêverie du même genre. Que la volonté humaine qui, hors des limites du corps organique qu'elle habite, ne possède aucun pouvoir sur la matière, en ait acquis tout-à-coup un si grand sur les tables et les guéridons : c'est encore une supposition intolérable. Au surplus toutes ces chimères sont formellement démenties par les faits. Car il est d'expérience que beaucoup de meubles ont tourné et marché, sans imposition de mains, sans contact de doigts, et sans volonté d'aucun homme.

Quant à la fiction d'un fluide électrique ou magnétique émané des doigts, non seulement rien ne la justifie, mais une foule de faits la démentent ; puisque un grand nombre de meubles et d'autres objets matériels se sont mis en mouvement, sans que personne en eût approché les doigts. Mais laissons répondre un savant physicien de Paris. « J'affirme », dit à ce sujet M. Desdouits, « que ce qu'on appelle la chaine magnétique n'existe pas ; qu'il n'y a en jeu, dans tout ceci, ni électricité ni magnétisme; et que les personnes qui emploient ces désignations le font à tort et à travers, sans savoir ce qu'elles disent. En effet si les objets en mouvement étaient amenés par un fluide électrique ou magnétique, il agirait énergiquement sur les appareils excessivement mobiles qui décèlent la présence de ce fluide : l'aiguille aimantée, le

curieuse, nous savons non seulement qu'il peut exister au-dessus de nous une multitude d'esprits, doués de facultés plus puissantes que les nôtres, mais encore qu'il en existe réellement de tels. La philosophie le pense ; la religion l'affirme ; des événements surhumains l'ont prouvé ; et les merveilleux phénomènes, observés récemment en Europe et en Amérique, le prouvent de nouveau.

Venant de reconnaître que ces phénomènes sont opérés par des esprits supérieurs, nous avons maintenant à rechercher quel est le caractère moral de ces puissants génies. Sont-ils vrais ou trompeurs, vertueux ou dépravés, religieux ou impies, bienfaisants ou méchants ? Pour le découvrir, retournons aux faits, et examinons attentivement.

Dès les premiers regards jetés sur l'ensemble des phénomènes, vous devez éprouver une impression défavorable. Les esprits, auteurs de ces phénomènes, déplacent des meubles, font tourner des tables et danser des guéridons, frappent sur des portes et des murs, s'expriment par des coups multipliés, et tourmentent quelquefois des familles par une longue continuité de bruits importuns. Or la raison s'oppose à ce que de telles actions, grossières et burlesques, vexatoires même quelquefois, soient attribuées aux génies célestes, pénétrés de sagesse divine, et serviteurs de la majesté du Très-Haut.

Considérons de plus près l'ensemble des faits.

Un des auteurs de *la Revue britannique* avertit que parmi les esprits qui opèrent les phénomènes, « il en est d'indiscrets, de capricieux, de taquins, de méchants (1) ».

Un écrivain du journal *l'Assemblée nationale* se plaint « des niaiseries et des bêtises » que débitent « les tables merveilleuses, ces tables dont Paris », dit-il, « s'occupe avec une foi

---

galvanomètre, les électroscopes. Or rien de pareil n'a lieu. Donc les fluides n'existent que dans l'imagination des gens qui leur attribuent ces phénomènes ». (*Ami de la religion* du 2 juin 1853. Voyez encore précédemment, p. 35.)

Ainsi on n'a pu satisfaire, par les sciences naturelles, à aucun des problèmes résolus dans le chapitre que vous venez de lire, à aucun, pas même à l'un des moindres, pas même à celui du soulèvement des tables.

(1) Cahier d'avril 1853.

naïve ». Puis le même écrivain ajoute : « Il parait que les esprits qu'a évoqués M. Delamarre sont furieux (1)... Le bruit court que ces esprits s'attaquent directement à la personne du nécromancien. C'est la nuit surtout qu'ils se livrent à leurs méfaits. On ne sait pas au juste ce qui se passe dans le silence du cabinet où M. Delamarre converse avec les tables soumises à son empire. Mais s'il faut en croire les indiscrétions de quelques confidents, les esprits sont en pleine révolte. Il y a lutte, combat, collision... Des tracasseries sont suscitées au chevet de M. Delamarre. Causez donc avec les tables, pour que de telles persécutions assiègent votre sommeil (2) » !

Un journal de Paris, instruit de ce que rapportent les journaux américains, annonce « que les révélations des esprits dont il s'agit ont pour but de saper la religion, et que les journaux socialistes d'Amérique font un grand bruit de ces superstitions, dans l'espoir de les faire servir à populariser leurs ardentes convoitises (3) ».

Un auteur digne de foi, qui a fait une étude approfondie des phénomènes survenus en France, se demande si « les esprits qui parlent par les tables sont bons ou mauvais », et il répond en ces termes : « D'après ce que j'ai vu et entendu, je dis avec assurance que ce ne sont point de bons esprits... Car il y a des tables qui, quand on leur demande où sont les âmes des morts, finissent par tout confondre : le ciel, le purgatoire, l'enfer. Ou bien elles nient le purgatoire et l'enfer, et n'admettent que le ciel. Il y a même des tables qui ont été jusqu'à dire qu'il n'existe ni Dieu ni providence, et que l'univers est régi par la fatalité.... J'ai vu, un jour, une corbeille, animée par les esprits, se tordre comme un serpent et fuir en rampant, devant un livre des *Evangiles,* qu'on lui présentait sans rien dire (4) ». Voilà des choses assurément très-significatives. Des esprits qui nient la justice de Dieu, sa providence, son exis-

---

(1) Banquier de Paris.
(2) *L'Assemblée nationale* des 23 et 30 octobre 1853.
(3) *L'Univers* du 26 juillet 1852.
(4) *Avis aux chrétiens sur les tables tournantes,* art. 4.

tence même, ne sont point, certes, des génies de la vérité ni de la religion.

Un autre observateur non moins digne de confiance, après avoir mûrement examiné les merveilleux phénomènes d'Europe et d'Amérique, en signale ainsi le caractère moral : « Un grand nombre d'esprits dictent, sur des questions philosophiques, politiques, morales, ou scientifiques, des essais en prose ou même en vers, et quelquefois des volumes entiers, dans lesquels on trouve souvent des choses remarquables et tout-à-fait supérieures à la capacité du médium, mais qui contiennent plus souvent encore un chaos d'idées communes, frivoles, incohérentes, ou absurdes.

» Presque toutes les communications spontanées des esprits portent sur des questions religieuses. Dans ce cas, bien que certains d'entre eux aient révolté leurs auditeurs par des mensonges faits de propos délibéré et des communications immorales ou obscènes, les esprits s'élèvent parfois à une grande hauteur de style ou de pensées, en parlant de Dieu.... Mais le but évident de leurs manifestations, but que du reste le plus grand nombre avouent hautement, est d'anéantir toutes les sectes chrétiennes, dont ils traitent, à-peu-près indifféremment, les divers dogmes de superstitions honteuses....

» Souvent les esprits, sous l'empire desquels sont les différents médiums, s'accusent réciproquement de mensonge et d'imposture. Ce spectacle peu édifiant a déjà amené un grand nombre de personnes, dont la confiance dans les communications des esprits était d'abord absolue, à reconnaître que l'on ne peut pas raisonnablement y avoir foi, ou que du moins il faudrait pouvoir faire toujours la distinction des esprits, chose qui n'est pas facile....

» Enfin la plupart des esprits reconnaissent que parmi ceux qui appartiennent aux sphères inférieures, il en est qui sont immoraux, menteurs, ignorants, orgueilleux, absurdes, et par conséquent ne méritent aucune confiance.

» Aussi la conclusion générale à laquelle sont arrivés, aujourd'hui, les partisans les plus sensés des manifestations est qu'il ne faut avoir aucun égard aux noms que prennent les esprits, et qu'on doit apprécier avec la plus sévère raison les choses qu'ils disent (1) ».

M. de Courcy, qui, étant aux États-Unis, s'est procuré de sûrs renseignements au sujet des prodiges, en rapporte ce qui suit :

« Cette criminelle superstition a fait des progrès déplorables en Amérique, et elle préoccupe vivement la presse politique, qui s'effraie de la démoralisation et des dangers dont est menacé le pays. Il faut en excepter les journaux socialistes qui, voyant dans le succès d'une pareille supercherie la ruine de toute religion positive (2), affectent d'y ajouter foi, et propagent dans leurs colonnes les récits les plus fabuleux. C'est que les sectaires cachent, sous ces pratiques d'un mysticisme grossier, l'indifférence religieuse ou même la plus complète impiété. Les esprits ont dit aux demoiselles Fox que toutes les religions étaient fausses, et que les hommes devaient procéder à un partage égalitaire des propriétés.... Les meneurs de la démagogie socialiste se servent donc de cette superstition, comme d'un instrument précieux, pour inoculer dans les masses le venin de leurs fatales doctrines (3) ».

Maintenant écoutez un autre écrivain recommandable qui, ayant aussi examiné en Amérique, avec une curieuse et sévère attention, les merveilles de ce pays, rend témoignage de ce qu'il a vu et entendu.

« Suivant la généralité des médiums », écrit M. de Laroche-Héron, « quel que soit le scélérat dont on évoque l'âme (4), elle répond que le bonheur a commencé pour elle, au moment de la séparation d'avec le corps.....

» Le *Moutain-Core journal*, organe de ces magnétiseurs illuminés, imprime ces manifestations de l'autre monde. Et le papier, qui souffre tout, n'a jamais vu pareil assemblage de blasphèmes et d'obscurités, d'impiétés et de phrases privées de sens. On en jugera par la traduction littérale de ce qui suit : *Au com-*

---

(1) *Le Mystère de la danse des tables dévoilé.*
(2) *Supercherie*, parceque les démons trompent par des mensonges.
(3) Dans *le Correspondant* d'août 1852.
(4) Les démons évoqués prétendent souvent être les âmes de certaines personnes défuntes.

mencement Dieu, la vie dans Dieu, le Seigneur dans Dieu, la sainte procédure, habitant le dôme, lequel brûlant d'une magnificence primordiale et tournant dans une spirale prismatique et ondulatoire, apparut et fut le pavillon de l'esprit. Inépuisable et incompréhensible dans sa gloire, sphérique dans son mouvement, développé dans une procédure harmonieuse et révélée... etc.

» Un jour que nous assistions personnellement à une consultation des esprits, à New-York, nous demandâmes à haute voix (1) : Êtes-vous envoyé par Dieu ? — Réponse : oui. — N'êtes-vous pas plutôt envoyé par le démon ? — Non. — L'esprit voudra-t-il bien me dire quelle est la meilleure religion ? Est-ce le culte méthodiste ? Le culte baptiste ? Le culte catholique ? Le culte presbytérien ? Le judaïsme ? L'islamisme ? — Silence complet. — Alors un de nos voisins nous dit : Savez-vous ce que ce silence signifie ? Cela veut dire que toutes les religions sont mauvaises. N'est-ce pas, ajoute-t-il, en s'adressant aux esprits, n'est-ce pas que tout culte est absurde ? — Trois coups frénétiques se font entendre (2). — N'est-ce pas, poursuit-il, qu'il suffit de suivre les conseils de sa conscience ? — Oui. — Qu'il suffit d'écouter les esprits ? — Oui. — Que toute religion où il y a des prêtres est mauvaise ? — Oui. — Où il y a des ministres quelconques est mauvaise ? — Oui, oui, oui...

» Les fanatiques ont tenu, au mois d'août 1852, dans la ville de Springfield (Massachusetts), une convention annuelle. On y comptait cinq ou six cents personnes, venues de tous les points des États-Unis... L'assemblée a reconnu que beaucoup de manifestations ne méritent pas confiance, et que l'on doit désobéir aux esprits, lorsque ils commandent le mal (3) ».

Il est indubitable, par les témoignages dignes de foi qui vous sont présentés en ce moment, que les merveilleux phénomènes dont nous examinons la source sont profondément empreints de badinages puérils, d'erreurs et de mensonges, de vices et d'impiétés. Les êtres invisibles, auteurs de ces phénomènes, aiment à se jouer des hommes, à les mystifier, à les

---

(1) À l'esprit qui frappait.
(2) C'était le signe convenu de l'affirmation.
(3) *Revue contemporaine* de mai 1853.

tromper. Ils leur parlent de la religion avec mépris. Ils déprécient devant eux la vertu et la piété. Ils les détournent ainsi de leurs devoirs; ils les provoquent ainsi à l'irréligion et au désordre. Quelques sages maximes que ces esprits séducteurs mêlent parfois à leur pernicieuse doctrine, celle-ci n'en est pas moins une preuve décisive de l'immoralité des êtres dont elle émane.

Il existe d'ailleurs sur ce point une autre preuve, résultant des maux dont ces génies redoutables affligent souvent les personnes qui ont l'imprudence de communiquer avec eux. Voici quelques exemples :

Un médecin de Strasbourg, M. Eissen, rapporte ce qui suit : « L'expérience des tables tournantes n'est pas sans danger. Des guéridons se sont divisés et sont tombés sur les pieds des expérimentateurs. Une jeune personne, dans un pensionnat, a été violemment renversée par la table, qui a rompu la chaîne. Une table à charnières s'est fermée tout-à-coup et a écrasé les doigts de la moitié des expérimentateurs. Les dames se sont trouvées mal, d'autres ont eu des attaques de nerfs. On mande de Bavière qu'un commis-voyageur, qui avait provoqué et dirigé une expérience, est mort subitement pendant l'expérience (1) ».

Un journal de Londres, le *Morning advertisser*, contenait, il y a quelques mois, le fait suivant. « Une jeune dame, demeurant à Sussex place, a éprouvé un accident très fâcheux. Elle avait fait partie de la chaîne autour d'une table, avec la superposition des doigts. Lorsque elle a quitté la table, son effroi a été grand, de sentir que ses doigts, repliés dans la paume de la main, étaient crispés au point de ne pouvoir leur faire reprendre leur position naturelle. Afin d'empêcher les ongles de déchirer la paume de la main, les médecins ont ordonné d'entourer de coton le bout des doigts. Cette dame a été conduite à l'hôpital de Guys. On ne peut la guérir. Nous garantissons l'exactitude de cette nouvelle (2) ». Deux semaines après l'avoir publiée, le même journal anglais ajoutait : « Nous regrettons d'annoncer que

---

(1) *Gazette médicale de Strasbourg* de mai 1853.
(2) Cité dans *la Patrie* du 27 mai 1853.

Mlle C., demeurant Surrey place, qui avait eu les doigts crispés, à la suite d'une expérience de la chaîne autour d'une
table, est dans un état fâcheux. On espérait qu'elle recou-
vrerait bientôt l'usage de ses mains. Cette espérance a été
déçue (1) ».

M. le baron de Chabert, des Batignoles près Paris, a publié un
autre fait de même origine. « Un jeune homme de dix-huit
ans », écrivait-il, « qui se glorifiait d'être sceptique au sujet des
tables tournantes, quoique il eût été témoin de plusieurs faits
assez convaincants, ayant été actionné de la même manière que
les tables, a tellement tourné, que non seulement il en est ré-
sulté une espèce de syncope, mais qu'il a été pendant quelque
jours alité, ne pouvant se tenir debout. Tant il a été fatigué
brisé, et terrassé (2) ».

Une affliction analogue à celle-là, et produite par la même
cause, a été observée en Allemagne. « On écrit de Prague ».
dit un journal de Paris, « qu'un garçon de sept ans, apparte-
nant à une des familles les plus considérées de la capitale de la
Bohême, avait pris part, plusieurs jours de suite, aux expériences de la table tournante, lorsque un matin, en se levant, il
commença à tourner, comme ayant la maladie nommée en
Allemagne *veitstanz*. Depuis, ce phénomène s'est montré tous
les matins. De sorte que l'on a des craintes pour la vie de l'enfant (3) ».

En Amérique, des malheurs plus graves sont signalés. Un des
auteurs qui nous ont le mieux instruits des phénomènes merveilleux de ce pays assure que « l'administration des Etats-Unis
semble commencer à s'en préoccuper, en raison du nombre des
cas d'aliénation et de suicide dont ces phénomènes sont la
cause ». Et le même écrivain ajoute que « un grand jury, réuni
à New-York, à l'occasion d'un suicide, a été jusque à provoquer
des mesures. pour faire cesser les cercles qui s'occupent de
manifestations des esprits (4) ».

---

(1) Cité dans *l'Assemblée nationale* du 13 juin 1853.
(2) Lettre publiée dans *la Patrie* du 18 mai 1853.
(3) *La Patrie* du 22 mai 1853.
(4) *Le Mystère de la danse des tables*, p. 25.

M. de Laroche-Héron, qui, en Amérique, a examiné de près les phénomènes, confirme ces paroles, par d'autres semblables. « La presse américaine », rapporte-t-il, « est unanime, pour accuser les *Rochester rappings* de mener à l'aliénation mentale. Et ses colonnes relatent journellement les cas de folie produits par ces hallucinations... Les témoignages abondent, pour prouver les désordres causés par ces rêveries mystiques (1)».

Maintenant écoutez des journaux américains, et d'abord le *Boston Pilot.* « La plupart des médiums », dit-il, « qui sont parfois endormis du sommeil mesmérique, avant de partir à la recherche des esprits, deviennent hagards, idiots, fous, ou stupides. Et il en est de même de beaucoup de leurs dupes. Il ne se passe pas de semaine où nous n'apprenions que quelqu'un de ces malheureux s'est détruit par un suicide, ou est entré dans la maison des fous. Tous les médiums donnent des signes non équivoques d'un désordre anormal, dans leurs facultés mentales. Et chez certains d'entre eux on découvre des indications d'une possession véritable par les démons. Le mal se répand avec rapidité, et il produira, d'ici à peu d'années, d'affreux résultats (2) ».

Le *Courrier and inquirer* a publié les exemples suivants : « Six personnes, » disait-il en mai 1852», ont été admises, dans le mois d'avril, à l'hôpital des fous de l'État d'Indiana. La perte de leurs facultés était attribuée aux *spiritual rappings* ». La même feuille ajoute que « chaque jour on trouve dans les journaux des exemples de l'horrible influence que la doctrine impie et ridicule des *spiritual rappings* exerce sur des hommes et des femmes parfaitement sains d'intelligence sur tout autre sujet (3) ».

Un exemple encore, qui se lit dans le *Herald* américain. « M. Junius Alcott, citoyen respectable d'Utica, s'est donné volontairement la mort, aux chutes d'Oriskany, en se précipitant dans une roue de moulin, qui l'a instantanément broyé

---

(1) *Revue contemporaine* de mai 1853.

(2) Cité dans *le Correspondant* d'août 1852.

(3) *Courrier* des 10 mai et 18 juin 1852, cité dans *le Correspondant* d'août 1852.

d'une manière affreuse. La fin horrible de ce malheureux est un commentaire saisissant des effets de ce moderne charlatanisme, qui s'est développé partout sous le nom de *spiritual rappings*, et qui a été la seule cause du dérangement de cerveau de M. Alcott et du suicide qui en a été la suite (1) ».

Enfin la puissance occulte, évoquée par les médiums, a elle-même avoué le fait sinistre que tant de témoignages nous signalent. « Un ministre protestant d'Amérique », écrit M. de Courcy, « raconte qu'étant venu visiter les médiums dans des dispositions très sceptiques, il ne tarda pas à entendre les détonations qui indiquent la présence des esprits ; et qu'étant entré en conversation avec eux, il obtint cette réponse : Les vivants conversent avec les mauvais esprits ; on est exposé à être induit au mal de cette manière (2) ».

Un autre aveu, précis et formel, a été obtenu tout récemment en France par deux prêtres, en présence de plusieurs témoins. Un procès-verbal des faits, signé de tous les témoins, est déposé à l'évêché de Versailles. *L'Univers* a publié un récit abrégé, en déclarant que l'auteur de ce récit est un « prêtre aussi distingué par ses connaissances et par ses talents que par sa piété ». Le narrateur est M. Gay, prêtre de Paris et chanoine de Limoges. Voici ce qu'il a écrit, en date du 21 octobre 1853 :

« Je crois remplir un devoir, en livrant à la publicité les faits suivants, dont j'ai été récemment témoin. Je les raconterai naïvement et sans commentaire. Ils portent avec eux une lumière suffisante. Et s'ils avaient besoin d'être éclairés, ils le seraient surabondamment par la multitude chaque jour croissante des faits analogues.

» Le 9 octobre, M. l'abbé Bertrand, curé de Herblay, au diocèse de Versailles, consentit à ce que l'on fit chez lui une épreuve de table tournante. Vingt personnes environ se réunirent au presbytère. On fit la chaîne accoutumée. Au bout de dix minutes, la table tourna. Au bout de quinze, elle répondit, en frappant du pied, aux interrogations qui lui furent faites.

---

(1) *Herald* du 30 avril 1852, cité dans le même cahier du *Correspondant*.
(2) *Correspondant* d'août 1852.

Les réponses furent presque toutes justes ; et toutes, sans exception, conformes à la foi catholique. Une âme était là, qui avait vécu sur la terre (1). Elle disait son nom, sa patrie, et demandait qu'on priât pour elle (2). Je vous fais grâce du reste. L'interrogatoire dura plus de deux heures.

» La chose me fut racontée dans la semaine, par un de mes parents, témoin des faits. Ils venaient s'ajouter à tant d'autres, dont j'avais ouï parler, sans en avoir jamais vu un seul, mais dont il m'était impossible de douter. Le dimanche suivant, j'étais moi-même à Herblay, où demeure accidentellement ma famille. La séance du dimanche précédent fut naturellement le principal sujet de la conversation. Je dis ce que j'en pensais : que j'étais parfaitement convaincu de l'intervention possible des démons dans ces choses, que j'aurais à y participer une répugnance de conscience invincible ; mais que, le cas échéant, je ferais mon possible, pour forcer le démon à se manifester.... Rendez-vous fut donné au presbytère, pour l'heure d'après vêpres.

» Vêpres finies, je m'agenouillai devant l'autel. Et exposant à Dieu la pure et loyale intention que j'avais en ceci, je le priai de permettre ou qu'aucun fait ne se produisît, ou que, des faits se produisant, tout allât à la gloire de Jésus-Christ et à la confusion de Satan.

» On se rendit au presbytère. Il y avait treize personnes : le digne et pieux curé, un jeune diacre son ami, dix autres personnes très respectables, et moi. Six personnes, au nombre desquelles étaient les deux ecclésiastiques, formèrent, avec leurs mains, une chaine continue sur la surface d'une table, guéridon de salon, d'environ un mètre de diamètre, ayant trois pieds assez massifs, garnis de cercles de cuivre, portés par des roulettes.

» Une demi-heure se passa, sans que le moindre mouvement se produisît, malgré le désir ardent et les injonctions réitérées des opérateurs. Enfin, ce temps écoulé, la table tourna

---

(1) Disait l'esprit, s'exprimant par la table.

(2) Les démons ont souvent employé cette ruse, pour cacher leur présence sous des apparences trompeuses.

visiblement, à droite, à gauche, selon le commandement qui lui était fait. On l'interroge, lui enjoignant de répondre en frappant des coups : un pour oui, deux pour non, et pour former des lettres, un nombre de coups correspondant à l'ordre numérique des lettres dans l'alphabet. Une demi-heure se passe encore, sans qu'on obtienne de résultat. On lui demande, si elle veut répondre, de tourner à gauche ou à droite. Elle paraît affirmer, puisque elle tourne. Mais pour ce qui est de lever le pied, comme au bout d'un quart d'heure et pendant deux heures elle avait fait le dimanche précédent, elle s'obstine à le refuser. Je dis *elle*, c'est *il* qu'il faut dire. Je le savais déjà, tout le monde allait le savoir.

» On était las, malgré le divertissement que plusieurs se donnaient de plaisanter la table. Les opérateurs se levaient, pour quitter la partie, lorsque une des six personnes dont les mains reposaient encore sur la table fit cette question d'un ton assez ennuyé : Es-tu un mauvais esprit ? Incontinent cette table lève le pied, sous les mains mêmes de cette personne, et à une hauteur d'au moins six à huit pouces, et frappe un coup très fort, dont chacun est ému.

» Il était naturel de poursuivre. On se remit en place. Dis nous, par les signes convenus, lui dit la même personne, la première lettre du nom de baptême de M. l'abbé Gay. — La table immédiatement frappa trois coups : c'était un *C*. — La seconde ? — La table frappa huit coups : c'était un *H*. Charles est mon nom de baptême. Je priai qu'on s'en tînt là, et je demandai à M. le curé de vouloir bien interroger l'esprit en latin. *Loqueris ne latinè*, lui dit M. Bertrand. — Pas de réponse. — Parles-tu latin, reprit-il en français ? — La table frappe un coup. — De rechef en latin : *Quis es-tu? Dic nobis nomen tuum.* — Pas de réponse. — Même interrogation en français : Qui es-tu ? Dis nous ton nom. — Alors, et sans délai, la table frappa quatre coups : c'était un *D*. — La deuxième lettre ? — Cinq coups : c'était un *E*. — La troisième ? — Alors visiblement pour nous, et si sensiblement pour ceux qui tenaient la table, que l'un d'eux s'écria : Il rage ! la table fit un mouvement littéralement convulsif. Et aussitôt cependant, avec une régu-

larité parfaite, elle frappa le nombre de coups qui nous don-
nait un *M*. On poursuivit : elle donna *O*. Et pour clore, elle
donna *N*.

» On peut s'imaginer si l'émotion croissait, à mesure que se
formait cet effroyable mot : *DEMON*. Je ne sais pas vous rendre
la terrible solennité de ces coups successifs, encore moins
l'impression produite par la lettre finale et décisive. Les
visages étaient pâles, et la stupeur était dans toutes les âmes.

» Je me levai; et prenant un chapelet bénit, que je porte
toujours sur moi, je le posai au milieu de la table (1). Je dis
alors à M. le curé: Interrogez le, s'il vous plait, maintenant.
Peux-tu encore parler, lui dit M. Bertrand. — Immobilité
complète. — J'enlevai mon chapelet. Et maintenant peux-tu
parler, reprit M. le curé. — La table frappa un coup. — Je
remis mon chapelet. Alors M. le curé dit : Es-tu heureux ou
malheureux? Si tu es heureux, frappe un coup; si tu es
malheureux, frappes-en deux. — Pas de réponse. — J'enlevai
mon chapelet. La même question fut répétée; et la table, frappant deux coups, mit le comble à notre saisissement, en mettant le comble à notre certitude.

» L'épreuve avait assez duré: on s'arrêta. Mais les faits
étaient si patents, si graves, si décisifs, que M. le curé de
Herblay et moi, nous nous accordâmes à rédiger, séance te-
nante, un minutieux procès-verbal. Il fut immédiatement
écrit, signé des treize personnes présentes, et le lendemain
envoyé à Mgr l'évêque de Versailles, entre les mains de qui
il restera.

» Voilà les faits dans leur exacte vérité. Chacun les appré-
ciera selon ses vues. Nous ne tenons pas à dire ici les nôtres
davantage (2) ».

Assez de faits nous ont révélé le caractère des puissants
esprits, qui, en Europe et en Amérique, opèrent tant de merveilleux évènements. Puisque ces êtres invisibles affligent d'in-
firmités, de maladies, et de blessures, une partie des personnes

----

(1) Le chapelet ou tout autre objet analogue, étant un symbole de religion,
était là un signe d'opposition de la part du prêtre aux œuvres du démon.

(2) Extrait de *l'Univers* du 31 octobre 1853.

qui communiquent avec eux; puisque ils les poussent fréquemment au suprême malheur du suicide, ce sont donc des esprits méchants, ennemis de l'humanité.

Et nous avons vu précédemment qu'ils sont aussi trompeurs, vicieux, et impies.

Voilà donc la présence d'esprits pervers, de génies du mal, en un mot de démons, positivement constatée dans les phénomènes récents d'Europe et d'Amérique. Il n'y a plus lieu de douter que la redoutable puissance de ces êtres invisibles ne soit la vraie cause des faits surhumains et sinistres que nous avons reconnus.

Telle est aussi la persuasion de la plupart des observateurs sages et religieux qui, aux États-Unis, principal théâtre des phénomènes, connaissent le mieux la gravité des faits. Là, dit un auteur précédemment cité, « le clergé protestant de toutes les sectes fait retentir journellement ses chaires et ses journaux de diatribes violentes, contre les manifestations des esprits, comme étant l'œuvre évidente des démons. D'un autre côté le clergé catholique n'est pas resté oisif. La presse qui lui sert d'organe a crié au loup, dès que les faits ont paru assez importants pour mériter d'être combattus. L'évêque de Saint-Louis a, dit-on, lancé contre les nouvelles doctrines un mandement, dans lequel il caractérise nettement les prestiges sur lesquels elles sont établies (1) ».

Au reste les prodiges récents d'Europe et d'Amérique ne sont point, il s'en faut beaucoup, des faits inouïs dans l'histoire. Non seulement on y rencontre un grand nombre de phénomènes surhumains, opérés par les génies du mal, tantôt spontanément, tantôt après des évocations magiques; mais on y trouve des faits singulièrement semblables à ceux qui sont racontés dans les pages de cet écrit (2).

Au temps de Tertullien, deuxième siècle de l'ère chrétienne, ces faits n'étaient pas rares dans l'empire romain; puisque cet

---

(1) *Le Mystère de la danse des tables*, p. 24.

(2) Voyez dans *la Religion constatée universellement* les terribles prodiges arrivés parmi les convulsionnaires du jansénisme, puis chez les partisans du magnétisme animal.

auteur en parle dans les termes suivants : « Si les magiciens
font apparaître des fantômes et évoquent des âmes de personnes défuntes ; s'ils font rendre des oracles par des enfants ; si
par des tours et des prestiges, ils imitent beaucoup de miracles;
si même ils envoient des songes, une fois qu'ils ont invoqué
et obtenu le secours des génies et des démons qui ont l'habi-
tude d'exprimer des divinations par les chèvres et par les
tables ; à plus forte raison ces esprits déploient toute leur
puissance, lorsque il est question d'agir pour eux-mêmes et à
leur gré (1) ». Nous retrouvons dans ce peu de lignes les tables
magiques d'Europe, et les enfants prodigieux d'Amérique,
connus sous le nom de *médiums.*

On lit dans un historien latin du quatrième siècle un récit
détaillé de la manière dont on se servait alors des tables, pour
interroger les esprits surhumains et recevoir leurs réponses.
Un homme, accusé de magie, s'explique en ces termes : « Nous
avons fait, avec des brins de laurier, à l'imitation du trépied
de Delphes, la petite table que vous voyez ici. Puis l'ayant con-
sacrée, selon l'usage, par des imprécations dont les termes
sont secrets et par beaucoup de cérémonies assez longues, nous
nous en sommes servis. Toutes les fois que nous la consultions,
pour apprendre des choses cachées, voici comment nous pro-
cédions. Ayant purifié de tous côtés la maison avec des parfums d'Arabie, nous posons la table au milieu de la place, et
plaçons proprement dessus un bassin rond, fait de plusieurs
métaux. Autour de ce bassin, sur son bord extrème, sont gravées les vingt-quatre lettres de l'alphabet, séparées par des in-
tervalles parfaitement égaux. Alors un homme vêtu de lin,
chaussé en brodequins de même substance, ayant la tête ceinte
d'une bandelette, et portant des brins de verveine, récite une
formule de chant et fait un sacrifice au dieu de la divination,
avec les cérémonies convenables. Puis il tient suspendu, au-
dessus du bassin, un anneau fait en fil de lin très-fin, et con-
sacré par des moyens mystérieux. Cet anneau saute successive-
vement, mais sans confusion, sur plusieurs des lettres gravées

____

(1) *Apologeticum,* c. 23.

et s'arrête sur chacune. Il forme ainsi des vers parfaitement réguliers par la mesure et le rhythme, comme ceux qui ont été recueillis des oracles d'Apollon ou de ses prêtres. Et ces vers sont des réponses aux questions qu'on a faites. Nous demandâmes, un jour, qui serait le successeur de l'empereur aujourd'hui régnant; parceque on disait que ce successeur serait éminent sous tous les rapports. L'anneau sauta et donna les deux syllabes *Theo*, avec addition d'une autre lettre. Alors une des personnes présentes s'écria que le destin annonçait Théodore. Nous ne poussâmes pas plus loin notre consultation; parceque nous nous trouvions suffisamment avertis que c'était lui qui venait d'être annoncé (1) ». La conjecture de ces magiciens a été démentie plus tard par les faits, mais non la prédiction. Car l'empereur Valens eut pour successeur un Espagnol peu connu alors, Théodose, qu'on a, depuis, surnommé le Grand.

Nous voyons dans cette page, extraite du livre d'Ammien Marcellin, une table magique, comme celles qu'on interroge parmi nous; un pendule magique, comme ceux dont on observe les merveilles parmi nous (2); des cérémonies magiques, comme celles des impositions de mains et des jonctions de doigts, usitées parmi nous; enfin une consultation magique obtenant une réponse merveilleuse, comme il arrive journellement parmi nous.

Les nouveaux prodiges d'Europe et d'Amérique ne sont donc point un désordre inouï dans le monde, ni un trouble inouï dans la carrière de l'humanité. Il s'en faut bien que les siècles passés aient ignoré les redoutables prodiges de la magie. Il s'en faut tellement, que le célèbre naturaliste Pline, qui écrivait il y a dix-huit cents ans, la mentionne en ces termes solennels : « La magie a été très-accréditée dans toute l'étendue de la terre et en beaucoup de siècles. Elle a joui d'une autorité puissante... Elle est parvenue à un tel point

---

(1) Extrait d'Ammien Marcellin ; *Rerum gestarum liber*, c. 29, n. 2.
(2) Voir précédemment, pages 21 et 22.

d'élévation, qu'aujourd'hui encore elle domine dans une grande partie des peuples (1) ».

Depuis le siècle de Pline jusque au nôtre, d'innombrables prodiges ont été opérés sur la terre par la malice des démons, comme une multitude de maux y ont été produits par la méchanceté des hommes pervertis. Les persécutions visibles des génies du mal ont été si généralement reconnues, que le clergé catholique a, dans ses *Rituels*, des formules de prières, pour délivrer de ce genre d'affliction les personnes et les maisons. Une de ces formules contient les paroles suivantes : « Visitez, Seigneur, cette habitation et repoussez loin d'elle tous les pièges de l'ennemi. Que vos saints anges demeurent ici, pour chasser les esprits qui frappent (2) ». On connaissait donc alors les *rappings* prodigieux, à présent si fameux en Amérique.

De nos jours même, que n'a pas fait la surhumaine puissance des génies du mal, cachée sous des apparences de fluide magnétique ? Et que ne fait-elle pas encore journellement ? Les phénomènes désignés sous le nom fabuleux de magnétisme animal sont de même nature et de même origine que les prodiges de tables tournantes, de *rappings*, et de *médiums*. On voit en effet les magnétiseurs obtenir, tantôt par quelques signes de mains, tantôt par de simples aspirations mentales, des paralysies subites et irrésistibles, des insensibilités complètes, des léthargies profondes ; puis du milieu de cette inertie semblable à la mort, des révélations soudaines de choses lointaines et cachées, des réponses catégoriques aux questions mentales, des prédictions exactes d'un avenir imperceptible à l'esprit humain, et d'autres phénomènes impossibles aux forces de la nature térrestre. Et ces faits merveilleux sont gravement entachés d'erreurs et de tromperies, de vices et d'impiétés, comme les nouveaux prodiges d'Europe et d'Amérique (3).

L'identité de nature et d'origine entre les phénomènes de

---

(1) *Historia naturalis*, l. 3, c. 1.

(2) *Rituale Parisiense, ad Romani formam expressum*, publié par l'archevêque François de Gondy, en 1645.

(3) Preuves explicites de tous ces faits dans *la Religion constatée universellement*, publiée à Paris, chez Hivert.

magnétisme supposé animal et ceux de tables savantes ou de *rappings* merveilleux est telle, que les magnétiseurs réclament ces derniers faits comme étant de leur domaine, comme émanant de la puissance occulte dont ils sont les agents. Ils se réjouissent de voir cette soudaine expansion de leur redoutable magie. Et ils l'ont célébrée dernièrement à Paris, dans un banquet où furent réunis deux ou trois cents convives, tous initiés aux mystères sinistres qu'on appelle complaisamment magnétiques. « Plusieurs discours », rapportent les journaux, « ont été prononcés; et presque tous les orateurs ont pris texte des phénomènes qui, en ce moment, occupent si vivement l'attention publique, pour en augurer le triomphe prochain du magnétisme (1) ».

Et M. de Courcy nous apprend que « le somnambulisme d'Amérique fait à présent cause commune avec l'œuvre des *spiritual rappings*. Il est considéré comme une des formes de la nouvelle religion, destinée à absorber toutes les autres (2)».

D'un autre côté, il est des magnétiseurs qui reconnaissent franchement la présence des génies du mal dans les phénomènes qu'on attribue vulgairement à un fluide imaginaire.

M. Billot, par exemple, médecin de Provence, a écrit les lignes suivantes : « C'est à la maligne influence de l'esprit de ténèbres qu'il faut attribuer les illusions, les rêveries, les fausses descriptions de lieux, les pronostics défectueux, les prédictions mensongères, les erreurs de toute espèce des somnambules (3) ».

M. Deleuze, magnétiseur célèbre, convient que « selon quelques magnétiseurs, dans l'état de crise on entre en communication avec les anges ou les démons, selon qu'on veut le bien où le mal (4) ». La mention des anges est ici de trop. Car sans doute ce n'est point par des signes magiques, des léthargies sinistres, ou des convulsions horribles, qu'on invoque l'émi-

---

(1) *La Patrie* du 25 mai 1853.
(2) *Le Correspondant* d'août 1852.
(3) *Lettres psychologiques*, I. 18.
(4) *Lettre à l'auteur d'un écrit sur les superstitions*, p. 8.

nente sainteté des génies célestes, et qu'on obtient d'eux des révélations miraculeuses.

M. Cahagnet, autre magnétiseur notable, affirme positivement l'intervention des démons dans les phénomènes de la magie magnétique. Parlant des évocations de ces esprits pervers, et des liaisons contractées avec eux par quelques magiciens, il dit : « Le pacte est la chose du monde la mieux prouvée aujourd'hui par le magnétisme. Il n'est plus besoin de courir les carrefours diaboliques des forêts, à minuit, un livre dans la poche, un sac de charbon sous le bras, et un paquet de parfums à la main. Avec le secours de l'évocation directe, comme je l'ai montré par la mienne, ou par l'intermédiaire des lucides (1), nous pouvons entrer en communication avec tel esprit qu'il nous plaît, s'il veut à son tour lier ce rapport avec nous. Nous pouvons obtenir de lui les renseignements et les lumières qui nous sont nécessaires. Qu'avons-nous besoin de plus ? Ce que de bons esprits ne peuvent faire à notre égard, les mauvais le peuvent moins ; ou alors nos désirs étant dans l'ordre de leurs affections, s'ils les satisfont, il nous en feront payer l'escompte. Autant et mieux même rester dans la bonne voie. Si l'on doutait encore de la possibilité des communications avec les esprits, il faudrait récuser toutes ces manifestations spirituelles qui se passent de nos jours sur tout le globe, notamment en Amérique, et celles qui commencent en Allemagne. Il faudrait récuser aussi celles que j'entretiens moi-même, depuis dix ans, au gré de qui a voulu s'assurer de leur réalité (2) ».

Il est donc constant que les prodiges récents d'Europe et d'Amérique sont la suite d'autres prodiges analogues, bien connus de nos pères, généralement redoutés parmi eux, puis niés arrogamment par notre siècle, jusques aux jours où s'est vu soudainement confondu, par l'immense éclat d'une explosion de phénomènes magiques et terribles.

L'éternelle Sagesse qui régit l'univers a sans doute des raisons, pour souffrir que les génies du mal étendent jusque à nous

---

(1) C'est-à-dire des somnambules du magnétisme animal.

(2) *Encyclopédie*, p. 264.

l'insidieuse activité de leur puissance. Parmi ces raisons divines, l'homme sage et religieux sait en apercevoir quelqu'une. Arrêtons sur ce sujet notre attention (1).

CHAPITRE V.

DESSEIN DE LA PROVIDENCE, DANS LES ÉVÉNEMENTS PRODIGIEUX ; ET DEVOIR DES HOMMES A CE SUJET.

La situation naturelle de l'homme en ce monde a quelque chose de sombre et de problématique, qui a été, de tout temps, pour les philosophes, l'objet d'études graves et prolongées. Le roi de la terre, l'éminente créature privilégiée de Dieu sous tant de rapports, semble, sous quelques autres, un être oublié ou délaissé. Seul dépourvu du nécessaire, seul astreint au travail, seul obligé à des luttes mystérieuses, il passe ici-bas une vie pénible et affligée.

En effet la main puissante du Créateur, qui a couvert, avec tant de précautions, les animaux de vêtements ; cette main bienfaisante qui leur fournit journellement une nourriture toute prête, s'est fermée devant l'homme. Lui si délicat et si faible, il est laissé nu et affamé. Il lui faut chercher de quoi

---

(1) Il arrive souvent en Amérique que les esprits qui opèrent les prodiges, étant interrogés sur ce qu'ils sont eux-mêmes, répondent être les âmes de certaines personnes décédées. Et à l'appui de cette assertion, ils imitent quelques habitudes qu'eurent ces personnes, pendant leur vie terrestre. Mais l'assertion n'en est pas moins indigne de foi. Car d'abord rien ne la prouve, pas même la représentation, plus ou moins fidèle, des habitudes d'une personne défunte ; puisque il est facile aux démons, par leur science et leur puissance surhumaines, de connaître et d'imiter les actions d'un homme vivant ou mort. Puis il est certain que ces esprits réprouvés mentent souvent, cherchent souvent à nous tromper, et voilent souvent leur présence sous des apparences insidieuses. Enfin la religion, qui enseigne que les anges et les démons ont le pouvoir d'intervenir dans les événements du monde où nous vivons, ne dit point que les âmes des morts le puissent aussi.

couvrir sa nudité souffrante, le façonner de manière qu'elle n'en soit pas blessée, puis l'adapter aux formes et aux mouvements des membres. Il lui faut déchirer le sol, en briser les parties, y enfouir des graines, en cultiver les produits, travailler longtemps et péniblement, afin d'avoir la nourriture nécessaire chaque jour.

Puis tandis que les animaux, pour jouir d'une santé robuste et d'une vie heureuse, n'ont qu'à suivre doucement les appétits de leurs sens, l'homme au contraire est obligé de réprimer et de combattre les siens. Sinon son esprit dégénère, son corps se flétrit, sa santé succombe, et sa vie s'éteint. Que de précautions, que de résistances, que de luttes, sont nécessaires, pour contenir la fougue des passions humaines ! A combien d'efforts et de sacrifices il faut se résoudre, pour conserver une âme saine et vertueuse !

Et l'instruction, ce pain des intelligences, cet aliment indispensable à l'humanité, combien d'application et de travail ne faut-il pas, pour l'acquérir ! On est obligé de se vouer à de longues études et à de patients labeurs. Car comme les métaux précieux sont cachés dans les entrailles de la terre, semblablement la science est enfouie dans les profondeurs de la nature, d'où on ne peut l'extraire que lentement et péniblement.

La vie humaine est donc une carrière laborieuse, parsemée de difficultés à vaincre, d'obstacles à surmonter, de luttes à soutenir. L'éternelle Sagesse qui nous a placés sur la terre veut que tel y soit notre sort. Et sans doute elle a des raisons, pour vouloir ce mystérieux état de choses.

Une de ces raisons, entrevue par la philosophie, est révélée clairement par la religion. Cette science antique et sacrée annonce que nous sommes créés pour accomplir une haute et lointaine destinée. Elle dit que notre vie passagère d'ici-bas n'est que le commencement d'une existence permanente, qui nous est assignée par les décrets du ciel. Elle ajoute que la munificence de Dieu nous destine un avenir de paix et de bonheur, mais que sa justice veut qu'il soit mérité. Ainsi enseigne la religion.

Par là est résolu le sombre problème de la vie humaine. Car

du moment qu'on admet que l'homme est placé dans ce monde,
pour y mériter une grande et divine récompense, les labeurs
et les peines d'ici-bas se comprennent aussitôt. En effet il
n'est point de mérite possible, là où ne se trouvent pas de tra-
vaux, pas d'efforts, pas de sacrifices, pas d'afflictions. De sorte
que si, sur la terre, il n'y avait pour nous ni fatigues à subir,
ni obstacles à repousser, ni hostilités à vaincre, ni souffrances
à endurer, toute vie humaine, parvenue au terme de sa carrière, se trouverait devant Dieu dépourvue de mérite, indigne
de récompense, et par conséquent inadmissible au séjour des
rémunérations célestes.

Ne vous étonnez donc point des peines nombreuses et variées
qu'on éprouve en ce monde, tant pour satisfaire les besoins de
l'âme que pour subvenir aux nécessités du corps. Comprenez
désormais les difficultés mystérieuses de la vertu, et les saintes
luttes de la piété. Comprenez notamment le dessein de la Providence, quand elle laisse la malice des hommes pervertis, ou
celle des génies du mal, se tourner vers vous, élever des obstacles devant vos pas, vous exciter au vice ou à l'irréligion.
Ce sont là des épreuves à supporter avec courage. Il y a là
pour vous des occasions de combattre et de vaincre avec hon-
neur. Vous pouvez, en ces circonstances, acquérir du mérite
et avancer ainsi la grande œuvre de votre mission sur la terre.

Ne l'oublions jamais, l'univers est l'ouvrage d'un Esprit
éternel ; et c'est vers l'éternité que nous conduit sa haute
providence, à travers les vicissitudes fugitives du temps. On
ne saurait donc comprendre la condition de l'homme ici-bas,
à moins de lever les yeux vers les régions éternelles, et d'y
apercevoir la position définitive préparée à cette créature mo-
rale, capable de bien et de mal, susceptible de mérite et de
culpabilité, puis digne de récompense ou de punition.

Du reste les phénomènes prodigieux, où se révèle grande-
ment la puissance surhumaine des démons, ont encore un
autre résultat, avantageux pour l'humanité. C'est de lui prouver, par de nouveaux faits, qu'il existe réellement, ainsi que la
religion l'a toujours enseigné, un monde supérieur à celui où
nous vivons ; des esprits doués de facultés plus puissantes que

les hôtres, esprits qui nous voient, nous entendent, nous connaissent intimement, et s'occupent de nous ; puis parmi eux, plusieurs de pervertis, que Dieu a réprouvés, et qui cherchent à nous nuire, comme font les hommes vicieux et méchants.

Par la doctrine exposée en ce moment, l'intervention des génies du mal dans les évènements de la vie humaine se trouve expliquée. Mais il se peut que la suprême Sagesse, qui a coordonné toutes choses dans la nature, ait d'autres raisons encore, pour ne pas empêcher cette intervention. Placés que nous sommes dans un coin de l'univers, confinés sur un seul des globes innombrables que la main toute-puissante du Créateur a semés dans l'espace, et ignorant profondément ce qui se passe dans ces vastes et lointaines régions, nous ne pouvons connaître le plan général de la Providence, dans le gouvernement de ses créatures. Ce plan divin nous est caché a jamais. Il nous suffit en effet de savoir ce que la philosophie et la religion nous apprennent de notre origine et de notre destinée, de la mission qui nous est assignée sur la terre et des devoirs que nous avons à y remplir.

Un de ces devoirs sacrés nous interdit d'adresser jamais aucune invocation ni aucun hommage aux démons, créatures réprouvées de Dieu et ennemies de l'humanité. Constitués comme nous le sommes, pour contempler ici-bas les œuvres sublimes du Très-Haut, pour y reconnaître avec admiration la suprême sagesse dont elles sont l'expression, puis pour vivre en rois et en pontifes de la nature, nous trahirions évidemment notre sainte mission, si nous allions honorer ou invoquer les génies du mal, fauteurs du vice et de l'impiété. Vers le ciel seul doivent s'élever les accents de nos prières et l'encens de nos hommages.

Aussi Jésus-Christ, loin de laisser ses disciples évoquer les démons ou converser avec eux, leur a commandé de « les chasser », comme il le faisait lui-même (1). S.-Pierre a dit semblablement aux chrétiens : « Le diable, votre ennemi, erre autour de vous ; résistez lui (2) ». Et S.-Jacques : « Soumettez-

____

(1) *Evangelium* de S. Mathieu, c. 10.
(2) *Epistola prima*, c. 5.

vous à Dieu, résistez au diable, et il fuira loin de vous (1) ».
Puis S.-Paul : « Revêtez-vous de l'armure divine, afin de pouvoir résister aux embûches du diable (2) ».

Fidèle à ces leçons d'une incontestable sagesse, la chrétienté primitive s'abstenait, avec une religieuse horreur, de toute participation à ce qui pouvait avoir quelque rapport avec les démons. Tertullien en rend témoignage, lorsqu'il dit que : « les chrétiens, considérant l'astrologie, la divination des aruspices, celle des augures, et la magie, comme émanées des anges rebelles et interdites de Dieu, n'en font point usage, même pour leurs propres intérêts (3) ».

Écoutez aussi Origène. « Nous croyons », dit-il, « devoir fuir, comme une peste, le culte des démons. — Nous sommes si loin de les honorer, que nous les chassons des âmes humaines et des lieux où ils se sont établis. — Quiconque est attaché au service de Dieu doit rester absolument étranger à tout ce que les démons opèrent, par de secrets artifices... Car la religion réprouve toutes ces choses. — Il est indubitable que l'homme qui recourt à la puissance des démons, pour obtenir de la santé, des commodités de la vie, du succès dans ses affaires, et qui cherche à évoquer ces êtres par des enchantements, sera délaissé de Dieu comme pervers et impie (4) ».

Telles ont été, de tout temps, la foi et la pratique des chrétiens fidèles. Gardez-vous donc de consulter les génies du mal ou de participer à leurs œuvres, soit directement, soit par l'intermédiaire de quelqu'un, soit au moyen de certaines superstitions magiques. Ce sont là des impiétés, condamnables au tribunal de Dieu, et souvent fatales dans le cours de la vie. Car la malice des démons, loin d'épargner les hommes qui ont des rapports avec eux, se plait à les tromper et à les affliger. Vous en avez vu, dans les pages de cet écrit, plusieurs exemples ; et

---

(1) *Epistola*, c. 4.
(2) *Epistola ad Ephesios*, c. 6.
(3) *Apologeticum*, c. 35.
(4) *Contrà Celsum*, l. 7, n. 69. — Ibidem, n. 67. — *Commentaria in Epistolam ad Romanos*, l. 1, n. 16. — *Commentaria in Matthæum*, l. 13, n. 30.

il en est une multitude d'autres (1). Aussi un apôtre vous avertit hautement que « ces ennemis errent autour de vous, cherchant, comme des lions, une proie à dévorer (2) ».

Voyageurs de quelques années, dans un monde d'épreuves et d'afflictions, nous marchons sous les yeux d'un Esprit éternel et suprême, qui nous a tous compris dans l'immensité de sa providence universelle. Maître absolu de l'avenir sans limites, vers lequel nous pousse incessamment la main irrésistible du temps, il gouverne les évènements d'ici-bas, d'après de vastes desseins qui, se plongeant dans les profondeurs de l'éternité, échappent ainsi à tous nos regards. Quelles que soient donc les difficultés et les fatigues de notre passage dans ce monde préparatoire, souvenons-nous que ces accidents momentanés, ces vicissitudes fugitives de notre immortelle existence, ont leur raison dans les plans sublimes de la sagesse du Très-Haut.

Cette vérité capitale étant bien comprise, nous devons parcourir, calmes et résignés, la mystérieuse carrière qui nous est assignée en ce monde. La haute providence de Dieu veille sur toutes ses créatures morales ; et sa souveraine justice a l'éternité, pour donner à chacune le sort dont elle sera digne.

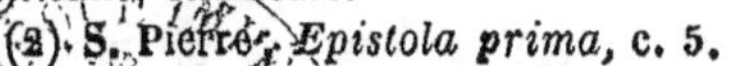

(1) Preuves dans *la Religion constatée universellement*, dans *la Revue gallicane*, et ailleurs.
(2) S. Pierre, *Epistola prima*, c. 5.